雑誌王は不動産王

講談社 野間清治の不動産経営法

展望社

雑誌王は不動産王
講談社野間清治の不動産経営法

目次

『雑誌王は不動産王　野間清治』の刊行に寄せて
㈱講談社代表取締役社長　野間　省伸 …… 7

序　章　野間清治、その人と業績
まえおき …… 11
生い立ちと立身向上の道 …… 12
創業から九大雑誌・雑誌王国へ …… 13
清治の人間像 …… 16

第一章　本郷区団子坂の家と社屋
団子坂の借家がはじまり …… 25
拡張につぐ拡張 …… 28

第二章　音羽邸入手と音羽時代
新しい土地を求めて……43
音羽の地をめぐる交渉……46
音羽時代のはじまり……51
地所の好きな野間……57

第三章　初めての別邸・赤羽と剣道の聖地・伊香保別荘
そのころの清治の資産は……63
赤羽別邸と野間坂……65
剣道の聖地となった伊香保別荘……70

第四章　尾久の土地と千葉三門の別荘
紆余曲折の尾久の土地……79
ここにも剣道場の千葉三門別荘……84

第五章　玉川学園開学に援助して土地購入
そのころの清治と講談社……91
小原国芳から学園開学への支援要請……92
小原がんばって学園建設へ……95
「野間さんは終生の恩人だ」……101
第六章　ついに目白本邸を入手する
音羽の私邸をどこに移すか……107
田中光顕伯爵豪邸を建てる……109
渡辺治右衛門の破綻と根津嘉一郎の登場……114
目白時代の本拠、終の棲家となった目白本邸……118
第七章　清治入魂の音羽新社屋の建設
「居（きょ）は心をうつす」の白亜の殿堂……127

第八章　伊東の北里別荘を入手する
北里柴三郎　伊東に別荘を建設 …… 133
清治　北里別荘を譲り受ける …… 139
幼稚園の発足と別荘の終焉 …… 143
第九章　別荘の集大成・重要文化財の古谿荘
田中光顕と岩渕古谿荘（こけいそう） …… 151
古谿荘・その建物と庭園 …… 153
田中光顕から野間清治へ …… 158
省一社長による戦後古谿荘の展開 …… 163
古谿荘　重要文化財に指定される …… 165
番外編　朝鮮の鉱山と満州の大農場
朝鮮の鉱山事業へ進出まで …… 173

鉱山経営の成果は……177
満州にも四十万坪の大農場……184
ひとつのエピソード……187
大農場の終幕……191

補遺編　向島の幸田露伴邸、田端別邸など

向島の幸田露伴邸……195
熱海と飯田橋ほかの土地……202
田端別邸……206
保土ケ谷の土地ほか……210

あとがき……215
野間清治略年表（不動産取得関連を主として）……218
主要参考・引用資料……220
図版リスト……221

『雑誌王は不動産王　野間清治』の刊行に寄せて

㈱講談社代表取締役社長　野間　省伸

この本の主人公である野間清治は私の曽祖父です。明治の末期に、大日本雄弁会（１９０９年）、そして、講談社（１９１１年）を創立して以来、大正から昭和初期にかけて、九大雑誌を擁して雑誌王国を築き、出版文化の発展に大きな足跡を残した人物です。

その出版事業におけるモットーは「面白くてためになる」で、読者は全国の大人から子どもまでを網羅し、まさに大衆とともに歩んだ出版活動を展開いたしました。そのため、清治は当時、「日本の雑誌王」と謳われて、業界での確固たる地位を獲得しましたが、実は、その活動は出版界にとどまらずに、広く多方面に及んでいたのです。この本は、これまであまり知られていないそれら事業の中の一側面、「土地王」

の異名もあった清治の不動産経営分野での活躍に重点をおいて、広く資料を踏査してまとめ、興味深く記述しています。

筆者は、私の祖父・講談社第四代社長野間省一の秘書を勤められましたが、その頃から講談社の外史的な側面に興味をもたれて取材され、それを著作として発表されています。私はこの本によって、会社の歴史に関する知らなかったいくつかの事実を教えられるとともに、清治のスケールの大きい人間的な魅力にあふれる言動には大変興味深さを感じました。

現今の出版業界は清治の活躍した時代とはまったく様変わりしています。しかし、私の関係している講談社は、創業以来110年を超えましたが、いまも清治の標榜した「面白くてためになる」の精神をDNAとして活動しています。そして、この清治の精神は現代にも十分生きていることの手ごたえを実感しています。読者の皆さんは、この本から清治の旺盛な精神と生き方を読み取っていただけることと思います。

序章　野間清治、その人と業績

まえおき

野間清治の「日本の雑誌王」の異名は、講談社の戦前における黄金時代であった昭和7年から13年ごろ、九つの大雑誌を擁し、日本の出版物総販売高の6、7割を独占して、国内はもとより、海外でも講談社・野間清治の名が高まったことによる。

主人公・野間清治は、明治11年（1878）12月17日、群馬県桐生市に生まれた。その出版界に残した業績については、戦前派ならば、ほとんどの人がご存知のはずであるが、いまや、没後82年にもなるので、歴史上の人物となり、ましてや、現在は、活字以外の新メディアが続出して、激動の中にある出版界なのだから、この出版界の巨人の名が世人の口の端にのぼることも少なくなっているのは残念ながら止むを得ないことであると思う。

生い立ちと立身向上の道

野間清治の生まれた明治11年は自由民権思想が日本を風靡し始めたころである。父母は武道の達人であったが、維新後、群馬県山田郡桐生町の隣の新宿村に落ち着き、清治はそこで誕生した。後年の清治の堂々たる体のなかには、上州という特有の気象風土を生地として、その父母の武士道的風格を継いだ烈々たる血が流れていた。後年の彼に一貫する厳格な生活態度は、こうした背景を抜きにしては語れない。

乏しい家計のなか、両親は彼を高等小学校に進ませたが、このころ教師の影響で、講談と演説に興味を持ち始めたという。彼は群馬県立師範学校を終え小学教師となったが、型破りの教師であった。2年後には、さらに上を目指し、東京帝国大学文科大学に開設された臨時教員養成所に入ったが、ここでの高名な先生方の講義は彼の立身出世の野心を大いに刺激した。

明治37年、養成所卒業後の任地は自ら遠隔の沖縄県立中学校を希望した。ここでは、彼の豪放な性格は周囲に愛され、闊達に活躍できた。しかし、この自由さから羽目をはずすことにもなったが、中学の大久保校長の世話で徳島県人の服部左衛と結婚することになる。しかし、この結婚披露宴席上に、電報を受け取り、3年半の沖縄生活を切り上げて、急遽東京に戻ることになった。仕事は東京帝国大学法科大学の首席書記であった。新しい環境に置かれた清治は、逸る功名心と生来の山気のせいか株式相場に手を出して大失敗する。しかし、この失望のどん底から短期間で彼は立ち上がるのである。

創業から九大雑誌・雑誌王国へ

時は、日露戦争大勝直後、世間に弁論が盛んとなって一世を風靡する勢いであった。明治42年、彼はこの時点をとらえて、自宅に「大日本雄弁会」の看板をかかげ、弁論雑誌「雄弁」の創刊を発意する。「雄弁」は予想以上の成果をあげた。また、44年、講談社を創業（その後、大日本雄弁会講談社と改称）して、第2弾の「講談倶楽部」を発行し、苦難の末、「新講談」を生み、大衆文芸勃興の先駆をなした。

それ以降、彼の出版界における活躍は獅子奮迅の勢いであった。大正3年（1914）、のちには日本一の少年雑誌となった「少年倶楽部」、5年「面白倶楽部」、9年「現代」「婦人くらぶ」、12年「少女倶楽部」、さらに、14年には国民雑誌「キング」で百万部雑誌を夢を果たすとともに、出版業界の社会的地位を向上させた。その後、15年創刊の「幼年倶楽部」で、清治待望の「九大雑誌」が出揃い、「雑誌王国」への軌道が敷かれたのである。

これらの雑誌は、もちろん最初から成功したものもあったが、失敗したものもあった。とくに、創刊時にはかなり苦労したものも多く、資金繰りに悩み、借金金利の重圧に苦しんだ。しかし、この危機は、彼の持前の出版にかける熱情と、周囲の人々の応援のおかげで乗り切ることができたのである。この間、大正12年の関東大震災に際し、緊急出版『大正大震災大火災』を刊行し、大ベストセラーとした。それまでは、出版物の量はともかくとして、業界ではまだ成り上がりに過ぎなかった講談社であったが、この成功は各方面に大きな効果をもたらした。

書籍でも、少年向きには、佐藤紅緑の『ああ玉杯に花うけて』など、一般向きには、『宮本武蔵』など多くのベストセラーを送った。また、昭和11年に刊行した「講談社の絵本」は多くの子供たちの夢を育み、ロングセラーとなった。これは清治の夢の実現でもあった。

彼の考えた出版理念・編集方針は、「面白くてためになる」で、大衆とともに歩むことであり、忠孝を重んじた。この「面白くてためになる」は、現代にも通じる永遠の理念であり、現在の講談社の編集方針のなかにも生き続けている。彼の作った社風・人材育成方針（少年部、社技・剣道、三大社是＝渾然一体・縦横考慮・誠実勤勉）などは極めてユニークなもので、特異なものといえるほどであった。これらの体験のなかには、今日の情勢に照らしても、学ぶべき多くのものが含まれていると思う。

このようにして、野間清治は、広い読者層をねらって、事前の細密な調査研究、思い切った広告宣伝、大量生産による廉価販売という近代的経営法を出版業界に導入し実行した。また、その出版物を通じ、出版業の生産・流通の近代化や、関連する製紙・印刷業などの発展にも多大の貢献をした。

清治の人間像

清治が、出版人として何を目指し、それをどのようにして達成したかは、彼が晩年に著した自伝、『私の半生』（昭和11年・千倉書房）に詳しい。彼には、ほかにも、『栄えゆく道』など数冊の著作があるが、いずれも熱烈な人生訓にあふれたものである。

戦後の一時期、戦争中の講談社の出版物などに対する批判から、野間清治は、軍国主義者であったとか、好戦主義者であったとかいわれたことがあった。しかし、清治は、確かに、熱烈な尊皇主義者・忠君愛国主義者ではあったが、決して軍国主義者・好戦主義者ではなく、むしろ平和主義者であった。その例証は数多くある。

野間清治の群馬師範の後輩であり、東大教授になった中村孝也は、『野間清治伝』のなかで、清治は政治家、実業家、思想家、宗教家などの性格も所有しているが、「どの範疇にも当て嵌められない。内容は豊富であるが外延は茫漠たる感がある」とし、清治の行動については、「それは皇室中心の国家主義である。尊皇愛国思想である。

図１　野間清治

（中略）終始一貫、この信念を鼓吹したところに、彼の真面目が存する。それは武士の子孫である上に、和漢学を修め、剣道に精進した修養が彼をして正しき日本人たらしめた結果である」と喝破している。

文藝春秋の社長であり、流行作家でもあった菊池寛は、昭和7年、野間会におけるスピーチで、「野間さんに感心する点」として、雑誌出版業者として人心の機微を察し、時代の趨勢を見抜いて雑誌を出したこと、また、人使いの上手なことを挙げ、これは、将に将たる器であるとして、「野間さんを戦国時代に生まれしめたならば、相当おもしろい天下取りの候補者になったろうと思います」と、いかにも作家らしい見方をしている。

昭和13年（１９３８）10月16日、自邸で狭心症のため急逝したが、まだ59歳であった。

彼こそは、まさに「雑誌界のキング」であった。

講談社の創立者野間清治は、昭和の初期には、「日本の雑誌王」とよばれた出版の天才的な経営者である。その出版事業における業績については、数多くの資料があるが、一方、清治は人間的にみてもスケールの大きい、大変多角的な魅力のある人物であったといわれる。そのことは、彼に関する人物評伝においても、また、彼自身の多くの著作からも証明される。

しかし、ここではすこし視点を変えて、その本業の出版でなく、彼のおこなった不動産の取得・殖やし方、つまり不動産経営という観点から清治の人物、行動を検証してみたいと思う。ある意味での清治の一側面である。私は以下に述べる彼の不動産取得の際の具体的なやりとりのなかに、清治の一流の哲学と強運とも言うべき運の強さを見受けることができると思っている。

また、不動産取得の過程において、それぞれの不動産物件の故事来歴とそれにまつわる人物と行動も興味深いものがあるので、これについても煩雑にならない限り記述している。

『物語　講談社の１００年』によれば、清治は団子坂の家を買い取った大正2年以降、死去した昭和13年までの約26年間に入手した土地建物の購入物件の総数はじつに37ヵ所にのぼっている。ここで、この清治の主な不動産取得活動をほぼ年代順に概観してみると、明治42年の旧小石川区団子坂の借家（自宅兼職場）からはじまり、自宅である音羽本邸、目白本邸とつづく線を本流とすれば、赤羽の別邸、伊香保の別荘、尾久の土地それに関連する千葉の別荘、玉川学園の土地、保土ケ谷の土地、静岡の伊東別荘、岩渕の古谿荘などは支流であり、国外にも朝鮮の鉱山、満州の大農場とあり、多岐にわたっている。これらの物件のうち、国内のものは本編として扱い、国外のものは番外編、また、その他の雑多なものは補遺編として記述する。

この文章の大半は、野間清治顕彰会機関紙「ふるさとの風」に、平成19年1月から23年1月まで11回にわたり連載された「清治流不動産増殖法」に補正加筆したものである。その後、野間清治顕彰会は清治の生誕135周年事業の一環として、これを『野間清治の不動産経営法―〝雑誌王〟の一側面を探る』と改題、出版した。今回は、これを原本として加筆刊行した。

文中では、一般の伝記にならって、敬称を省略する失礼をお許しいただきたい。文中の土地の広さについては、大部分を「坪」で表記し、筆者注記は、［　］で表示している。また、引用の多い『講談社の歩んだ五十年』は、『五十年史』と略称しているところがある。

第一章　本郷区団子坂の家と社屋

団子坂の借家がはじまり

清治は、幼少のころから清貧の中に育ったが、人一倍に青雲の志強く、学業に励み、一時は上京して上級学校への道を探した。しかし、学資も続かないため、やむなく郷里に帰り、代用教員を経て、師範学校を卒業、教員となった。そこでも精進を重ねたが、なお立身出世の熱望を棄てず、上へ上へと努力を続けたのである。

しかし、いつも生活は苦しく、借金だらけであった。沖縄で教員をしていた時に、念願かなって東京帝国大学法科大学首席書記の職を得たが、東京へ戻るときはそれまでの放漫な生活によるその借財の整理について周囲のひとに大変世話になった。

東京では、最初に大学前の下宿に落ち着いた後、生活費を切り詰めるために、下谷区西黒門町の親友吉田和四郎宅の二階に居住していたが、世間の「雄弁」の流行を見定めて独立を決断し、明治42年11月、清治三十二歳のとき、東京市本郷区駒込坂下町48番（現在の文京区千駄木三丁目）の建坪26坪の木造二階家に「大日本雄弁会」の看板を掲げ、翌年に雑誌「雄弁」を発行した。その創業時代の苦労については、自著の『私の半生』に詳述がある。この家がいわゆる「団子坂時代」の講談社と清治の本拠地となったところである。

この団子坂の借家は、団子坂の交差点から100m北の町並みの左側にあり、それまでに下宿していた西黒門町や外神田台所町に比べると、はるかに立派で、二階が二間、下が四間、それに玄関三畳の脇に女中部屋一間、台所の構造で、門と庭つきであった。家主の門倉は、最初家賃を借り手が信用できる人なら十三円といったが、清治の人物を見込んで、さらに一円引いて、家賃を十二円にしてくれた。

しかし、その家は「こんな大きな家を借りてどうするのですか」と、妻がびっくりしたほど広かった。清治の考えは、「金はないが、すこし大きい家に住もう。これは矛盾したような話で権道である。普通の場合には、権道は踏まないようにしている。しかし、事業をする以上は、万止むを得ない場合がある。私はその万止むを得ざる場合に立っていた。そこで比較的大きな家をさがして、団子坂の家に移った」と、『人間　野間清治』（辻平一）にある。「権道」（けんどう）とは、手段は正しくないが、

図２　創業当時の大日本雄弁会講談社正門（団子坂）

目的は正道に合すること。目的を達するために執る臨機応変の処置、方便。と辞書に記されている。

一方、その引越しは貧弱なもので、息子の恒を背負った妻、ランプと古い長靴をもった婆やを連れ、大学の小使に火鉢と3個の柳行李を積んだ車を引かせて、自分があとに続いたという状況であった。

拡張につぐ拡張

明治42年、「大日本雄弁会」を創立し、翌年、「雄弁」を創刊したが、明治44年には講談社を起こし、「講談倶楽部」を創刊した。この最初の5年間は大変な苦労を重ねたが大正3年になって、両誌の経営は、ようやく軌道に乗ってきた。このころ、清治の様子を見ていた家主の門倉から新しい提案があった。それは、清治の住んでいる借家、門倉の住まい、隣の借家など、この一角をまとめて買ってほしい、最初にいくらか入れてくれれば、あとは3年でも、5年でも待つ、という清治を信用しての非常な

図3　団子坂の社屋前（大正9年頃）

好条件の申し入れであった。相談の結果、代金は三千八百円に決まり、即金で千円、残金は3年間で完済することで契約がととのった。

このようにして清治は、敷地二三九坪、木造平屋建て三軒（延べ五十坪）、三階建て土蔵一棟（九坪）の持主になった。そしてこの土地建物を担保にして、神田の共同銀行から二千八百円を借り受け、その中の千余円で、西洋館を増築した。西洋館の方には、雄弁会と講談社が入り、清治一家は門倉のもとの住居に移り、清治が住んでいたところは他人に貸し、その隣りも貸家とした。改装工事のため、大工や左官が大勢入ったので、世間では雄弁会はえらい勢いだ、儲かっているらしい、と景気のいい評判が立った。このため信用も高まり、金繰りもいくらか楽になった。この一連のやり方も清治らしいところで「権道」のよい展開の例であろう。

しばらくすると団子坂から動坂に通じる大道が開かれたので、その表通りに面して、一躍間口十八間の大きい社屋の持主になり、二軒の家主にもなったのである。

このころには、「雄弁」「講談倶楽部」両誌からは、毎月約七、八百円の利益があがるようになった。しかし、清治は、「利子の負担は幾分軽減されていくはずであるの

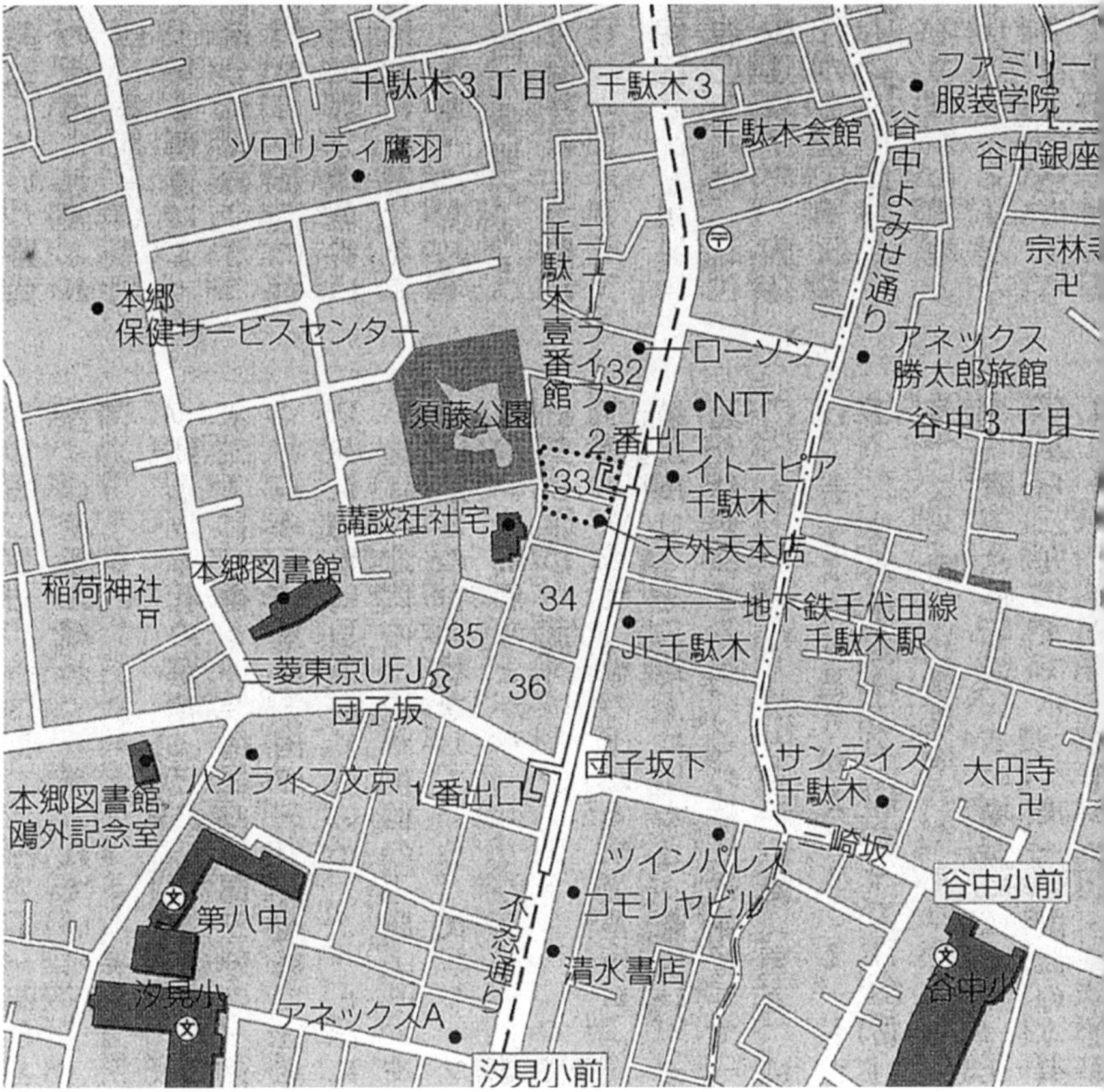

図４　現在の千駄木周辺・点線内が社屋跡地（『百年史』）

に、稼いでも稼いでもなかなか借金は少なくならず、利子は減り難い。恐ろしきものは利子である。しかし一時とは大分違って、雑誌の売行きがよくなったので、社内はいよいよ張り合いも増し、日に日に明朗さを加えていった」と『私の半生』に記しているが、清治の金銭についての考えの一端が示されている。

雑誌の売れ行きが増すにつれて、人手も必要、社屋も狭くなったので、翌4年には第二次、5年には第三次の拡張をした。増築を心配して、母の文は、「昔から、たびたび普請をすると、その家はつぶれる、といったものだが、大丈夫だろうね」と、清治に注意したという。

このあと、清治は思いがけないことから雑誌書籍大取次店である東京堂の大野孫平専務の支援で多年の高利貸の搾取地獄から抜け出す幸運に恵まれることになるのである。

その後、団子坂の社屋は社業の進展とともに、大正13年までになんと10回を数える拡張を行った。社史には、「継ぎ足しと増築と新築。この一見、奇妙な社屋の景観は、菊人形が衰退したあとの団子坂の新しい名物でもあった」と記述されている。

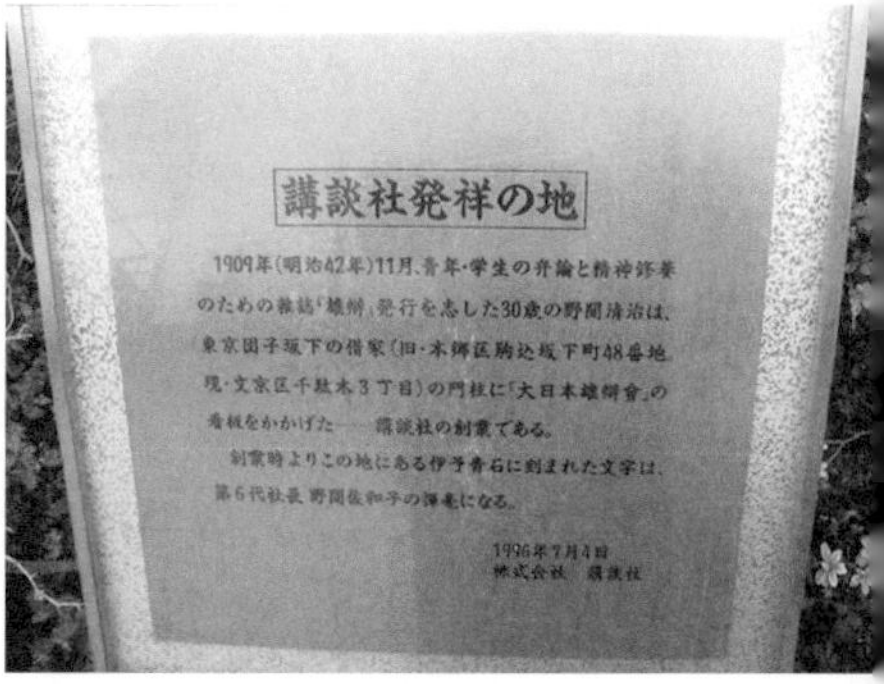

図5・6　団子坂の現有地に立つ社宅と銘板

なお、昭和9年講談社が音羽へ移転した後、旧社屋は「化け物屋敷」と呼ばれながらも、駒込警察が借り受けて昭和11年頃まで旧状のままであったという（『音羽町会記念誌』）。現在、この敷地の一部（1577㎡）には、鉄筋コンクリート六階建ての社宅が建っており、入口に「講談社発祥の地」と刻まれた伊予青石の記念碑と明治42年11月にこの地で野間清治が雑誌「雄弁」の発行を志したことを記した銘板が置かれている。

講談社の九大雑誌と講談社の絵本

講談社の歴史は、明治42年2月に創刊された雑誌「雄弁」から始まる。以来、時代の変遷のなかで雑誌も多様に変貌してきた。創業100年間に発行された定期刊行物としての雑誌の総数は177誌である。

ここでは、戦前に創刊され、九大雑誌と称された各誌の表紙を表示する。（P.36）～（P.39）

『講談倶楽部』１巻１号
創刊号（復刻）

『雄弁』３巻８号

『面白倶楽部』１巻２号
（３版）

『少年倶楽部』５巻12号

『婦人くらぶ』１巻１号
創刊号（復刻）

『現代』１巻１号
創刊号（復刻）

『キング』４巻８号

『少女倶楽部』７巻12号

『猿蟹合戦』講談社の絵本 33

『幼年倶楽部』１巻１号
創刊号

『猿蟹合戦』講談社の絵本 33

『二宮金次郎』講談社の絵本 85

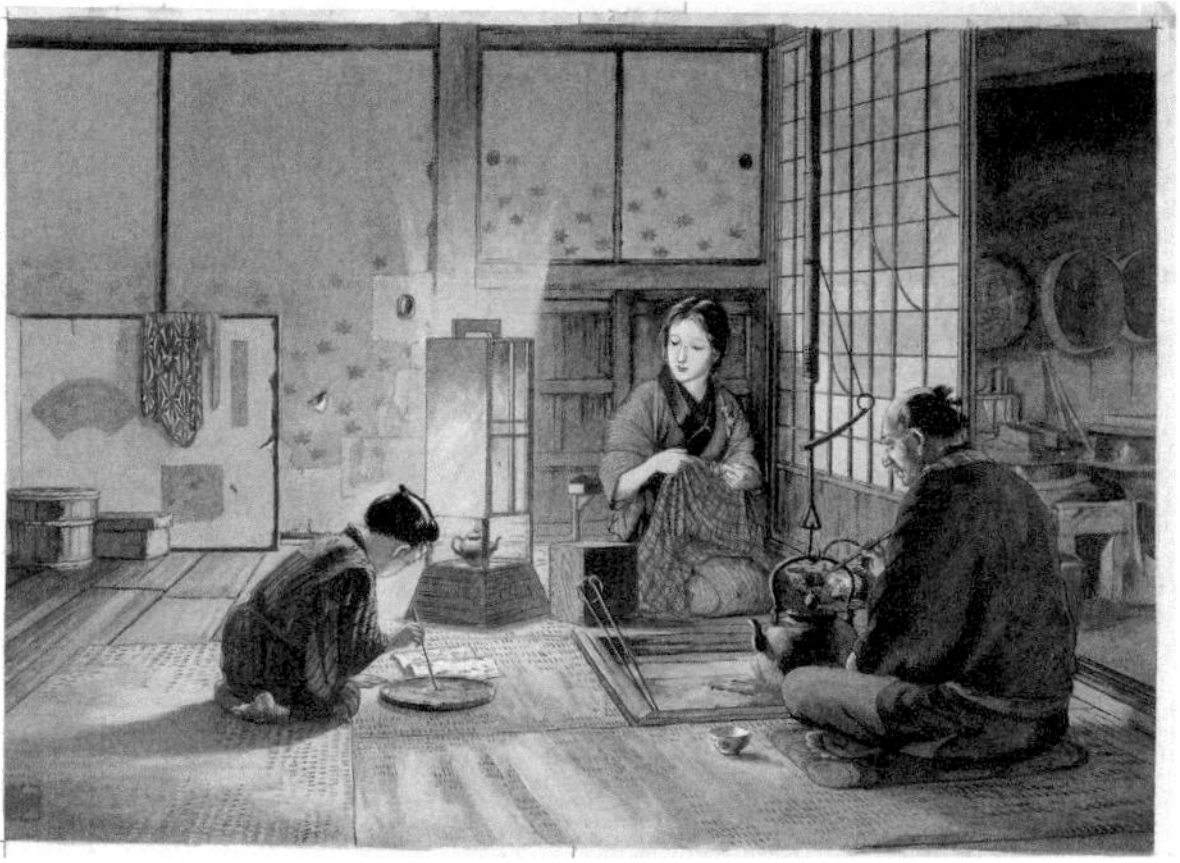

『二宮金次郎』講談社の絵本 85

第二章　音羽邸入手と音羽時代

新しい土地を求めて

大正年代の後半になると、野間清治・講談社の事業は発展を続け、それにともない、団子坂の土地は狭隘となり、新しい場所を求めることが必要となった。

「敷地のぎりぎりまで建て増しして拡大をはかったが、すぐ手狭になる。それに、はじめから計画して増築したわけでないので、廊下はまがりくねり、採光は悪く、連絡には不便で、仕事の能率は悪い」（『人間　野間清治』辻平一）というような状況であった。

「もう忍び得るだけ忍んできたのである。このうえ忍ぶのは、無理である」（『私の半生』）と考え、まず、社屋と隣接した自宅を社用に提供して、自分の住宅をほかに移すこととなった。新地所はなるべく団子坂付近にしたいと心がけて、社の裏の九千坪くらいの土地（現須藤公園、もと大聖寺松平家下屋敷跡→顕官品川弥次郎邸→実業家須藤吉右衛門邸）や三千坪の目白坂上の前島密男爵邸など二千坪以上の土地数カ所を見て廻った。広い土地を探すことは、そう簡単ではなかった。

『私の半生』にこの間の清治の心情が述べられている。

清治は、「仲介を頼んだ人の中には、私に真にそれだけの資力があるのかどうかを疑って、心から尽力してくれない人も幾人かあった。それも無理ではない。野間がどんなに成功したといっても、まさか立派な屋敷を買うほどには未だなっておるまいと考えたのであろう。しかし、私としてはこれを恨むどころか、そう思われるだけ発展が速やかであったのだと、すこぶる愉快に感じたのであります」。

またその場所については、「社屋を新設するとしたら、丸の内のほうがよいのではないか、あるいはまた、京橋とか日本橋とか、神田とかいう方がよいのではないかという説もあったし、一寸考えると、その方がよいようにも思われる」「しかし、私は一種特別な考えを持っていた」と、その用地選びの考え方を『講談社の歩んだ五十年』に披瀝しているが、ここでは要約して紹介しよう。

①あまり繁華で便利過ぎるところは考えもので、今まで骨折って築き上げて来たも

のが破壊されないとも限らない。②自分たち独創の考えや、やり方で進んでいく。それにはなるべく静かな所がよい。③なるべく思考の十分に出来る静かな社にしたい。④目の前の便利というようなことよりも、社風、社員、少年を立派にすることを十分考慮したい。

その結果、「わざと中央部を離れた音羽に、敷地を選定」ということになったのである。

この頃から清治の周辺にその後長く不動産関係の顧問的な仕事をしていた人物が登場する。その人物は、この著作のほとんど全篇に関係する活躍をしているが、清治の古くからの碁敵で、邸にも自由に出入りして、のちには、「清治の懐刀」ともいわれた小幡公である。清治にいくつもの不動産を仲介し、のちには講談社の所有する朝鮮の鉱山群を統括する野間鉱業部責任者となったが、清治は、不動産売買に関し、相手方に対し、「小生の代理」と紹介し、数十万円の取引も任せるくらいの信頼をしていた。後章で紹介するが、清治は社宅も用意して、社員になるように勧誘した。しかし、小幡は承知しなかったのだが。

音羽の地をめぐる交渉

大正8年に、「社が狭くてしょうがないから、家を買いたい、見つけてくれ」と清治から頼まれた小幡は、予算と希望を聞くと、「地所は三千坪以上、樹木や池のあるところ、邸内の余地に将来社屋を建てる見込みで予算は三十万円」といわれた。団子坂同様の職住接近の考えである。年が明けて大正9年の正月に、矢野という老人が小幡のところへ小石川区音羽三丁目の佐藤邸の話を持ち込んできた。その屋敷は、元司法大臣であった山田顕義伯爵が明治22年に建てたもので、敷地内に、当時では珍しい豪壮な洋館を持ち、翌年天皇が行幸したという由緒のあるところである。その後、新潟県の素封家佐藤伊左衛門の住宅になっていたが、当主が亡くなり、未亡人と子供だけで、大きすぎるから手放したいという。土地と建物で七十万円だというので、小幡は清治に報告をしたところ、予定金額と差がありすぎるので駄目だといわれたが、地所は半分でも三千坪以上になるから、半分買ってもいいのではないかと薦めて、清治

図7　明治天皇の行幸した洋館

が現地を見に行くことにした。

『五十年史』に小幡のつぎの談話が記載されている。

「洋館も日本館も実にすばらしく、洋館は三階建てで百坪余、明治23年に明治天皇の行幸せられた部屋もあり、日本館には菊水の間、千鳥の間、雁の間、大広間その他二階建て新館などあり、敷地も六千五百余坪で堂々たるものだから、社長はすっかり気に入ったのだね」とある。

補注すれば建物は全体で五棟、二百五十五坪であった。『五十年史資料』には、帰りの自動車のなかで、清治は「七十万円は困ったな」と繰り返して言っていたが、その後はほかのところを見に行かなくなってしまったので、どうせ買うならあれ位のものを買いたいと、その時、決心したのだろうという、小幡の推測が記述されている。

その結末は、清治の『私の半生』の述懐を転記しよう。

「奥のほうは高台につづいて四千坪ばかり、道に沿った前のほうは四千何百坪、別々にも譲るということであった。見たところが、どうも分けたくない、できるなら両方一緒に、大きいほうがよいという気持ちになって、少々身分不相応とも思ったが、全部譲ってもらうことにした」そして、敷地決定の際には、夫妻と主な社員が連れ立って見に行ったが、あまりの大きさに、皆一驚した。「しかし、ついに賛成してくれた。買ったのは大正9年の暮れで、あの経済大恐慌のあった年である。従って、すべての物価も急激に安くなったので、比較的安く手に入れることができた。有り難いことには、これを求めて幾年も経たぬうちに、今まで六間道路であった音羽の通りが五間広がって十一間道路となり、のちには電車も通ることになって、またここでも思いがけないしあわせをしたわけである」

まさに、清治の思い通りになったという実感のこもった言葉である。この談話には、価格の話が欠落しているが、その間の裏話もまた興味深いものがある。以下に記そう。

社長の意を受けて値段の交渉に当たったのが、小幡公であるが、ここは、『五十年史資料』の小幡の発言（括弧内）をもとに探ってみると以下のようである。

「そのうえ大正9年3月の株式の大暴落で、物が安くなったので、このときとばかりに交渉すると、六十万円にするという。社長に話したが、五十万円でなければ買わないというので、駄目になってしまった。その後、向こうから五十五万円にしようともちかけてきたが、社長はそれでも駄目だという」

その後、処分を急いでいた佐藤家側は親族会議を開いて協議したうえで、執事が上京して清治ら関係者と話合いがもたれた。

「社長は、自分としては、まだこのような家は身分不相応で、代金全部を支払う余裕はないのですが、五十万円なら借金して買うわけです。半金は自分の懐から、あとの半金は、この土地建物を担保にして、農工銀行から借りなくてはならないのです、というようなことから、自分の生い立ちなど、いろいろ話をした」

条件を一歩も譲るような様子を見せない清治に困りはてた執事は再度、越後の老未亡人に問い合わせした結果、交渉はやっとまとまったのである。

この交渉経過を見ると、清治はあからさまに苦しい懐具合を披瀝し、そのうえ、苦難を経た自らの経歴を語るなどして、誠意を示すとともに、同情も受けられるように、そして、売りたがっている相手の出方をみて臨機応変の巧みな交渉をしている。

本当のところ、自己資金も限界で、最初の腹案ではせいぜい二十～三十万円の予算を考えていたようだし、この手当てにもかなり無理をしたようである。

音羽時代のはじまり

この豪邸の買い物は団子坂社屋の取得・増築のときと同様に、「講談社はたいしたものだ」の世評を生み、信用の増大に結びついたのであり、また、直後に社前の道路の拡大整備の幸運に恵まれたのである。ここにも清治がまさに強運の持主であることが感じられる。

交渉ごとには、タイミングが大きい要素であることは間違いないが、このころの時勢が清治に幸いしていたことがわかる。このころは明治時代から一世代経過し、また、経済変動もあったため、不動産にもかなりの出物があったようである。清治ははじめから自前で建設せずに、そのような良質な、そして割安な不動産を探していたのである。また、清治は団子坂と同様に、私邸と社屋が近接する、いわゆる職住接近でなければならないと考えていたので、音羽の土地はまず自宅を移し、のちに社屋を建設しようという、その希望にぴったりの物件であった。

大正7年、第一次世界大戦が終わった。『五十年史』は、「戦後の大不況は講談社のためには、新しい発展段階の開けてくる幸運をもたらした」と記している。

このようにして、大正9年、巨大な自邸を手に入れた清治は翌10年7月に住居を団子坂から音羽に移した。清治の「音羽時代」の始まりである。その後、昭和6年に私邸を目白へ移転するが、それまでの10年余は、ここの大きな日本家屋を住居として使用、来客にはおもに西洋館で応対した。大勢の社員や少年が音羽邸勤務となり、敷地内の整備整頓にあたり、畑の手入れもおこないながら、裏山の剣道場で稽古に励んだ。社長邸と団子坂の社屋との間にはいつも社員が連絡に走った。なお、この剣道場は大正14年には木造の大剣道場が建設され、のちに四人の天覧試合優勝者を輩出して全国的にその名を知られた野間道場となった。その後、平成19年、道場は老朽化のため惜しまれつつ解体された。

音羽に引っ越したときのひとつのエピソードが『人間　野間清治』（辻平一）に記されている。

図８　音羽本邸の一部

親友であり、ご意見番であった栄田猛猪（元上智大学教授）は、小金がたまったからといって、増長してはいけないと、意見しようとやってきた。清治はそれを察知して、「栄田君、太閤秀吉ならもう少し大きな家に入っておったろうが、俺はせいぜいこんなものだ」と、先手をうったので、栄田は意見をするきっかけを失ったという。清治は相手の顔つき態度から、その心を読み取るカンも鋭敏であったという一例である。

この項ではじめて「少年」が出てくるが、以下随所に現出するので、ここで講談社に特有であった「少年」について説明する。清治は「三大社是」を根幹として独自の社風をつくった。その社是は、渾然一体、縦横考慮、誠実勤勉であり、その具体化が、雄弁と剣道の奨励であり、少年の育成のための少年部の設置であった。この少年部は、大正2年に少年1名を採用したことに始まる。その後は尋常小学校以上の学力をもち、身体強健、正直勤勉な14～18歳のもの数名を採り、やがて毎年20～30名以上を採用したので、従業員の半数を占めたこともあり、昭和13年までに延べ千数百人に

図９　講談社少年部入社記念写真（昭和３年）

なった。創業五十年の昭和34年には全社員の二割も占めていた。多くは中堅幹部となったが、編集長や役員になった人もおり、当時、一般には、給仕、小僧、丁稚と呼ばれていた若者たちを「少年」と呼び、人数がまとまってからは、「少年部」としてグループ化（部署名ではない）した。少年たちは、社業実務（団子坂）・修養（音羽邸）の二組に分かれて、実学する集団生活を送っていた。その少年たちの努力やしつけのよさが世間の評判となり、徳富蘇峰は「講談社大学」とまで呼んだ。

大正12年9月1日、あの関東大震災が発生した。東京は壊滅的な大被害を受けたが、幸いにも、講談社、野間清治の損害は軽微であった。音羽邸では、池の向こう側の高台にそびえていた西洋館が倒壊し、通りに面した長い板塀も倒れたが、日本家屋は健在であった。社業の本拠地である団子坂の社屋も残った。大震災のため、出版業界はとりあえず雑誌発行の1カ月停止を決めたが、講談社では社の総力を挙げて、単行本『大正大震災大火災』を刊行して、被害の実情を知りたいという世人の要望に応えた結果、出版史上に輝く大ベストセラーを創製し、ついで、万全の準備をおこなった国民雑誌「キング」（大正14年新年号）の創刊に成功した。

そのころの音羽邸敷地内の様子が、大正15年の共同印刷の大争議をテーマにした徳永直の『太陽のない町』に描写されている。深山幽谷の趣のある広大な邸内の状況や清治と目される争議調停役の出版社（大和講談社）國尾社長についての描写がある。

地所の好きな野間

昭和初期、人気作家でもあった文藝春秋社の社主の菊池寛と清治は非常に親しい関係にあった。その文藝春秋が戦前に発行していた「話」という雑誌の昭和9年6・7月号で、「講談社とはどんな所か」〝野間清治の半世紀〟と題した三六ページにもわたる池内訓夫のルポルタージュが掲載されている。時期はまさに講談社の戦前における全盛期時代のさなかである。記事の内容は歯に衣を着せぬ率直なものであるが、そのなかに、清治と土地についての興味深い文章があるので、すこし長いが紹介したい。

「野間が大分金廻りがよいらしいからと方々から目をつけられて、他の不慣れな事業に引っ張り込まれるようにもなった。もっとも野間の方から少しは色目も使ったかもしれぬ。（中略）しかし、これ等は間もなく手を切った。本来の使命の遂行と調和させ難い事実に気付いたからだ。

一方、野間の裕福を狙って、土地家屋の売付けをもくろむ者も現れて来た。赤羽の別荘はこうしてつい買ってしまったものだが、その後音羽の邸を初めとし、市の内外に数万坪の土地所有者になった。地所の好きな野間——これは興味ある彼の一面ではないか。

しかし、これは野間の道楽ではない。道楽といふような消費的な趣味は完全に野間の採らぬところであった。彼が必要以上の地所家屋に金を遊ばせておいた真意が奈辺にあったか」

と疑問を投げているが、後段で、筆者の池内は、社員たちの間でも、過大すぎる、贅沢すぎると非難された「音羽御殿」を買い取ったときに、それに答えて清治が言った言葉をこの疑問に対する答えとして載せている。

『私が音羽御殿のために投じた金は決して少額とは言えない。だが、その金を遣ってしまったのではないのだ。現金の七十万円は、どんな風に使っても七十万円の価値しかないが、不動産として変形したものは、実際の価値の二倍にも三倍にも働かすことができる。例えば担保物件として使用する場合を考えてみるがいい。しかも、音羽御殿の所有者である事実によって、私の信用はさらに増すわけでもある』とし、続いて、

『万が一にも将来、わが講談社が一朝悲運に遭会するようなことがあったら、諸君にしろ、私にしろ、どんな苦しい破目に堕ちねばならんが、私はその時のことまで考慮して、そのために備えておこうとするのである』

こんな調子で、野間は慎重なる見識を披瀝したものである。それを聞いた社員たちが膝を叩いて感じ入ったかどうかはつまびらかにしないが」（以上、「話」より引用）

第三章　初めての別邸・赤羽と剣道の聖地・伊香保別荘

そのころの清治の資産は

創業から大正の初期までの苦難を乗り越えた清治の大日本雄弁会・講談社の出版事業は隆盛に向かっていたが、清治は音羽邸を入手する寸前の大正6年に、赤羽（東京・北区）にはじめて別邸を取得していた。これを契機として、大正末期から昭和初期にかけては、本邸ラインと異なる別邸、別荘ラインの不動産群を次々と取得したが、それを聞き伝えての持込物件も増加し、それらを引き取ることにより、昭和初期にかけて不動産が面白いように増殖していったのである。これらの不動産取得のベースとなったこの時期の清治の資産はどのような状況であったろうか。さきにこの点の考察をしておこう。

まず、大正大震災から、その後の昭和初年のころの清治の金繰りの状況については、『五十年史』に清治の次の証言が記載されている。

『大震災大火災』のときも、あのモラトリアムの時（昭和初年）も、私は金が豊富にありました。銀行で特別融資をしてくださる。群馬県の郷里の方からも親戚二軒から現金を持ってやって来てくれます。いろいろの食料品その他を送ってきてくれます。したがって事業運行の上においてどれくらい助かったかしれません」

そして、清治の不動産関係の顧問役である小幡公は、当時の資金状況について、『五十年史資料』で、「金はうなるほどあった」「ふんだんにあった」と語っている。

大正14年10月現在の「東京主要高額納税者番付」（直接国税納額）には次のような記載がある。

東方	横綱	鍋島直映	五九、一五〇円	侯爵	豊島区
	大関	岩崎久弥	四八、一一二円	実業家	本郷区
		（以下略）			
西方	横綱	三輪善兵衛	四九、六一五円	化粧品商	日本橋区

など、著名な華族、実業家、銀行頭取が並ぶなかに、
西方　小結　野間清治　三五、九一七円　出版業　小石川区
が堂々と登場している。なお、出版業では、新潮社の佐藤義亮が西前頭八枚目にでている。

この時期は、『大正大震災大火災』、「キング」大成功の直後で、清治は得意満面というところである。

赤羽別邸と野間坂

これからの数章は、清治の不動産増殖として、彼の入手・所有した土地・別邸・別荘の実例が続くが、その手始めになるのが、この赤羽別邸である。これも偶然の機会から入手したものであるが、資力もついてきた当時の清治にとっては、とくに無理もせず購入し、また、利用価値のあるものであった。

すでに社業が好調期に入っていた大正10年1月の中旬、社員の病気に立ち合っていた清治の顔色の悪さに気がついた医者がついでに診察すると、病気が発見された。医者は大変悪い、心臓が非常に弱っている、腎臓も少し悪い、絶対安静が必要であると宣告したのである。その日から看護婦が付き添い、療養につとめたが、清治は、『私の半生』に、「2月の末にここ（団子坂）では、十分な療養が出来難いというので、〈赤羽の別荘〉に移った。3月4月、赤羽で静養しながら、社の重要な仕事は、使いで果たすことにしていた」と記している。

これを契機にして、この年、6月25日に入手した音羽邸へ7月に転居した後は、やはり門を閉ざして一切出社しなくなり、世間から「不在社長」の別名を受けることになる。

この〈赤羽の別荘〉は、社史で突然に登場してくるのだが、ここは現在の赤羽駅の西南、稲付川が流れている谷に、岬状に突出している高台（北区赤羽西三丁目）にあ

図 10　北区稲付公園（野間別邸跡）入口

図 11　清治が全社員を赤羽別邸へ招待　中央が清治（大正 7 年）

る広さ三千坪の別邸である。

ここの入手経緯について、『五十年史資料』にある小幡公の談話によれば、貸金業の馬越文太郎が株で失敗した某氏からの担保流れで持っていたものを、岩瀬社員が折衝して買ったもの。その時期は音羽邸入手より以前の大正6年12月17日とされており、これは清治が買った最初の別邸であった。前年には「面白倶楽部」を創刊し、この年は社業も拡大、社屋の第四次拡張をおこなっている。

翌大正7年7月13日にこの別邸に全社員（約三十名）を招待したが、『五十年史』に庭園の樹林を背景に撮った写真が掲載されている。清治にとっては初めて所有した別邸なので、入手直後に誇らしげに社員に披露したものであろう。同様に、大正9年には社員の同志的結束を強めることを目的として発足した「三五会」をこの別邸において園遊会形式で開催した。家族も一部参加したので、これも社員、幹部家族への披露と見ることができよう。

また、「泮水会」を開催した大正10年11月の記念写真も掲載されているが、この会は、東京帝国大学の臨時教員養成所時代の教授・生徒の懇親会であるから、清治が以前からお世話になった方々にもご披露したものといってよいであろう。写真背景に大きな二階建ての木造家屋のガラス戸が見えている。

のちには社業にも利用され、雑誌の新年号会議もここで開催された。台地の端にあたる当地には、大きな樹木もあり、南側に芝生の庭をもち、ツツジが大変きれいだったそうである。敷地の西側は農地として、留守番に当たった少年社員が清掃のほか、さつまいも、馬鈴薯、野菜などを作っていた。

この赤羽の土地はその後に東京府へ寄付されたが、昭和35年に北区に移管されて、現在は八千平方メートルの北区立稲付公園（赤羽西三－一九）となって、その一部に区の施設（北区稲付ふれあい館）が建てられている。広い公園内には巨木も多く、各所に大きな庭石が散在している。公園の脇の坂の名はいまでも「野間坂」と呼ばれ、公園の入口には「大正から昭和初期にかけて日本の雑誌王と呼ばれた野間清治の別邸跡」という来歴を示した標柱が立っている。なお、この赤羽別邸は、社史にも「別荘」と表記されているが、この論考では、便宜上、東京都内に存在するものは、「別邸」

とし、都外のものは、「別荘」と分類することにする。

剣道の聖地となった伊香保別荘

昭和2年1月19日、清治は、伊香保の別荘を入手した。ここは伊香保の町の中心、有名な石段商店街の真下近くで、明治19年には岩崎家のものになったのち、武智キクの所有になった木造二階建ての大きい建物で、明治24年から大正14年まで「ハワイ移民の父」と呼ばれたハワイの駐日代理公使・ロバート・アルウィンの別荘として使われていたものである。

清治は大正10年以降、ほとんど出社せずに、自宅や別邸に引きこもったままの「不在社長」の別名をもつような健康状態になったことは前述したが、この伊香保の別荘も療養のため大いに利用した。

清治の『私の半生』には、ここの入手経緯について記述がある。それによれば、大正15年、「幼年倶楽部」の創刊後に、静養を兼ねて、少年数人を連れて東北方面旅行

図 12　アルウィン邸・伊香保別荘

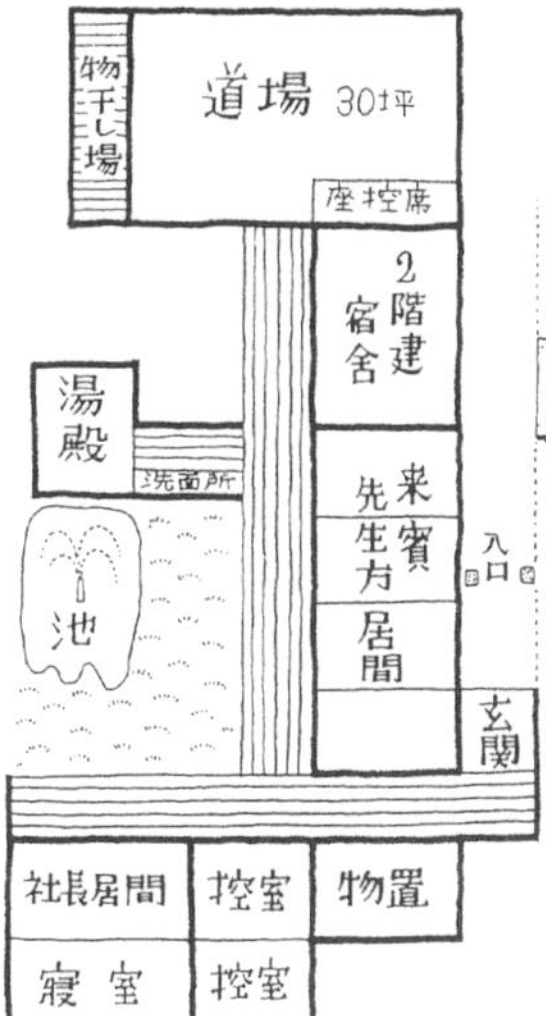

図 13　伊香保道場見取図

に出かけたが、その最初の宿・伊香保温泉の常宿である千明仁泉亭に宿泊したときに主人から、「このすぐ下の最近まで外国人の所有していた別荘を買わないか」と、勧められ、帰京後に購入したということである。その後、清治は、「自分の生れた国だし、榛名山も好きだし、此所で時々剣道の猛稽古をやったらなどと思って、その後別荘とは名ばかりの学生寄宿舎みたいなものに作り換え、夏冬ここに行くことにした」と述べている。

『五十年史』には、同年に起きた共同印刷の争議が片付いたあと、取次会社の東京堂の大野専務が各雑誌の印刷再開の要請をするために、共同印刷の人を連れて伊香保の清治を訪問したことが記されている。

伊香保の別荘については、ここに造った道場が特記すべきものである。のちに、千葉、伊東の別荘にも道場ができたが、伊香保は清治の思い入れもひとしおで、聖地ともいうべき地位を占めていた。伊香保の道場は、「月刊剣道日本」（昭和51年6月号）に見取り図が掲載されているが、全体がコの字型に建てられており、野間夫妻の私室

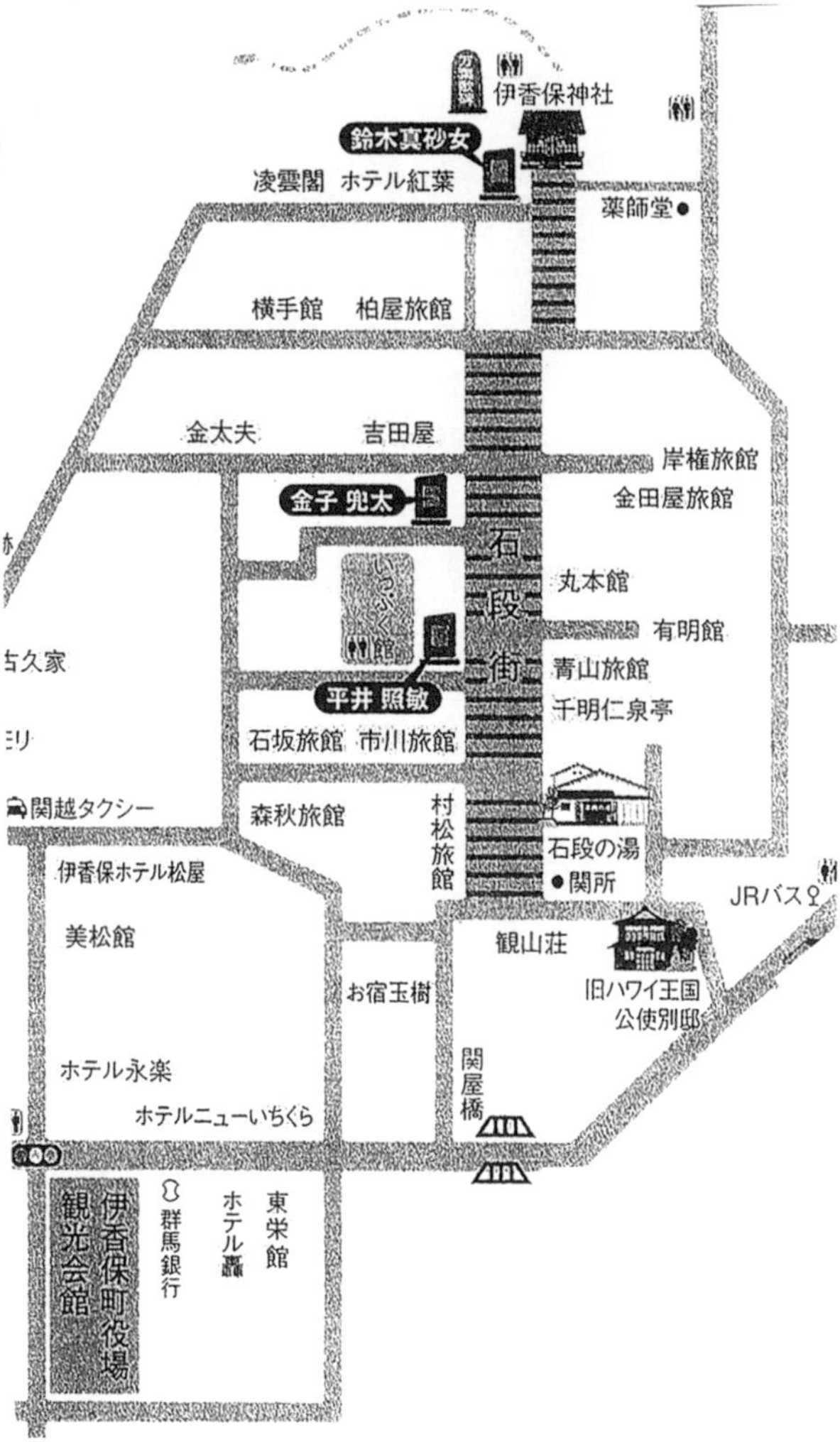

図 14　伊香保別荘（地図）伊香保句碑めぐり MAP より
（右下に「旧ハワイ王国公使別邸」とある）

と中庭を間に挟んだ位置に道場（三十坪）があり、道場の二階には全国から訪れた各流派の剣士たちのための客室が置かれた。また、中庭には浴室と噴水の設備ある池が設けられていた。

『私の半生』には、「滞在中は九州からも北海道からも、諸方から剣道の先生や学生諸君が百名以上もやって来られて、暑稽古、寒稽古をやる。いろいろ案を立て、種々の試合などを加えて、一日に5時間6時間、多い時は9時間という他に比類なき猛練習を今もやっています」とある。

「彼が病気療養のため別荘に行くことは、一面より見れば剣道の鼓吹であった」と、『野間清治伝』（中村孝也）にあるが、古来、群馬県は剣道の聖地であり、しかも自分の生地の桐生に近いところで、剣道を身近にすることによって、清治の心身はおおいに癒されたに違いない。

「伊香保に野間道場あり」と、全国に有名になったこの道場の社史に占める存在は大きいものがあり、社員の多くもここで有名な剣道教師から直接指導を受け、「剣道の講談社」の名声を高めることになった由緒ある場所である。

この別荘は清治の歿後に、左衛夫人によって清治の遺産として桐生の野間家に譲られた（『野間省一伝』）。昭和19年3月からは群馬県の所有となり、元の所有者の名を冠して、「アルウィンさんの別荘」として呼ばれ、町民に親しまれていたが、伊香保町では昭和60年にハワイ移民百周年を記念して、別荘の一部を史跡指定し保存することになった。別荘の建物に隣接した土地には、県の社会福祉協議会の施設・観山荘が建てられていたが、平成21年に解体された。その後、伊香保町は渋川市に編入されたので、現在、旧別荘は渋川市指定史跡として保存されている。

第四章　尾久の土地と千葉三門の別荘

紆余曲折の尾久の土地

つぎは、尾久（東京都荒川区）の土地、そして関連のある千葉の別荘について述べよう。この物件は伊香保別荘入手より以前の昭和初年に、江戸橋の登記所の代書をしていた宮間が持ち込んできた話から始まったものである。

この土地の入手の経緯について、小幡公が『五十年史資料』で語っている。

「宮間という男が社長に金を貸してくれと頼みにきた。五万円だったかな。宮間は上総の三門（みかど）に引っ込むつもりだったらしい。森鴎外先生の別荘のあるところで、それを含んで五千坪ばかりの松林を買って、そこに自分の家を建てるつもりで、立派な普請をしたのだが、金が足りなくて完成しないでいた。僕は社長に頼まれて、宮間と一緒に三門に行って見て、それを担保に金を貸したんです」

それより以前、王子製紙が尾久に工場建設を予定して取得していた土地があったが、その計画が中止となったため、宮間が二万坪余のその土地を総額五十万円で引き受けて、土地の分譲を行おうと計画して、清治に五万円の内金を借りにきた。清治は貸すことにしたのだが、大震災が起こったため、分譲計画は中止になった。そのうちに、頼みにきた宮間が亡くなって、未亡人と娘だけが残ってしまったのである。

そこで、「未亡人には五十万円のほかに五万円を付けて、王子の債務を買い受け、一方、前に貸した五万円のカタに別荘を引き取ったわけです」と、小幡が語っている。この時点で、尾久の二万坪余の土地と千葉三門の土地、建物は清治のものとなった。

尾久の土地は船方前の電車の停留所（現荒川車庫前）のあたりにあって、中に川が通り、田んぼや畑だった。真ん中に以前レンガ用の土を取ったために大きな池ができていた。入手後に、一時は講談社の社屋を建てる候補地にもなった土地である。当時の高木義賢専務がここに三階建ての社屋を建てるつもりで、図面まで描いたけれども、都心からあまりにも遠いという清治の意見で、それは実現しなかった。そこで、この土地を将来分譲地として利用できるように計画を立て、東京都に申請して許可を取り、土地の区画整理を行った。池は講談社本館の地下室を造ったときの土を運んで、埋め立てに利用し、水路は埋めて暗渠にした。

昭和5年、講談社はレコード事業に進出し、翌年に「キングレコード」第一回の新譜が発売された。キングレコード会社の創業である。次いで昭和11年5月、この尾久の地に尾久工場、音羽にはスタジオを建設した。『キングレコードの六十年』には、「尾久工場の敷地面積は一八六五坪、創業時は五棟の工場で、建物面積八九三坪、従業員は六十五名」「工場事務所は駒込坂下町に所在の講談社の社屋を移築したものである」との記述がある。建物以外の門など、創業以来の資材が有効に利用されたわけである。講談社の本体が音羽町に移転した直後の時期であった。そして、この工場は昭和46年に埼玉工場（児玉郡上里町）が竣工されるまで、操業された。

そのうち、戦争の時代となり、軍から軍需工場の工員宿舎を造るための土地の借用を要請されて、断ることができずに、所有地のうちの五千坪を貸すことにした。借用料は無料だが、用済み後は原状回復の条件付きであった。その後、東京都から避難用の防空公園用に土地の一部提供を要請されて、これも応諾した。工員宿舎は小さい家が一千戸近くあったというが、戦後になると、宿舎は大蔵省に移管された。借地契約では、原状回復が条件となっていたが、住人たちが立ち退きを応諾しないため、結局、土地を大蔵省に安く譲ることにした。その代わりに、神奈川県相模原の工場の跡地などであった国有地を安く譲り受けることになった。土地が時勢の流れに左右された一例である。

現在の尾久はもとの土地の一部、荒川区西尾久八丁目二四をキングレコード㈱が分室倉庫として利用している。また、その後、相模原の三万五千坪の土地は野間文化財団・講談社が所有し、会社の書籍倉庫と公共駐車場に利用するとともに、広い面積が長い期間地域のための図書館や野球場に提供された。数年前に、この土地の半分弱が麻布大学に譲られ、運動場となっているが、その残りも近年処分された。

図 15　工事中のキングレコード　尾久工場

図 16　現在の尾久用地

ここにも剣道場の千葉三門別荘

一方、尾久の土地に関連して取得した千葉県の三門（現・いすみ市三門）の土地はどのようなところであろうか。

九十九里海岸に面したこのあたりは古くからの別荘地で、とくに多くの学者、文化人が避暑地として利用した。九十九里の南端、南房総国定公園が始まる太東岬の南方にあった宮間の土地は海岸沿いの高台で、そばを夷隅川が流れて、河口に近かった。最寄り駅はJR外房線の無人駅である三門、ここから東の海岸方向に徒歩15分の土地。北隣には長崎の貿易商で財を成し、中国の孫文と義兄弟となり、多大の援助をおこなったことで有名な梅屋庄吉の一万五千坪という広大な別荘が大正10年から存在した。宮間はここに隠棲するつもりで、自邸用に造った日本家屋も豪壮なもの、森鴎外の別荘をなかに包含した松林の多い土地も三千坪といわれる広さであった。

少年社員の南雲春雄が、昭和5、6年ころ、別荘に伺候したとき、清治は地続きの

図 17　旧千葉三門別荘跡

図 18　千葉三門・別荘周辺風景

海岸から桶に入った海水を天秤棒でかつぎ運ばせて入浴していたという。山に近く、温泉のある伊香保と対照的であるこの海に近く、空気清浄の三門、両地の別荘で清治は静養しながら思考を深めていたに違いない。

「少年倶楽部」の名編集長であった加藤謙一の著書『少年倶楽部時代』には、昭和5年4月号の附録について千葉の別荘に滞在していた清治に決裁を仰ぐ必要があり、伺いをたてたら、

「イツモカンシンシテイルショウネンノフロク、ドウセコンカイモステキノモノデセウ、サンセイシマスヨクヤッテクダサイ、ダイセイコウヲイノッテイマス、ショクンニヨロシク」

の電報を受け取ったことが書かれている。

その後、ここにも道場が付設され、東京から有力な剣道の先生を呼び、長男恒の教導を依頼した。社員もこの道場を利用した。千葉県は内房の上総飯野藩の武術師範であった清治の祖父・森要蔵の故地で、懐かしくもあり、いわば故郷に旧恩をかえす心

算もあったろう。清治が近隣の住民に講談社のハッピなどを配るなどしたことを覚えている古老もあり、いまでも清治の徳を讃えている。

剣道場は、後に、野間家祖先ゆかりの飯野村（現富津市飯野）に寄贈された。「野間館」と名付けられたこの剣道場は広さ十五坪、玄関正面には清治揮毫の「龍潜淵」の額が掲げられた。昭和10年4月には講談社からも恒（後の二代社長）はじめ多くの剣士が参加、盛大な落成祝賀剣道大会が開かれたといわれる。敗戦後、野間会は解散、野間館は閉鎖解体された。しかし、昭和37年には「剣道スポーツ少年団野間会」が発足、その後も富津中学校の武道館を中心にして、周辺でも剣道が盛んに行われ、清治の額はいまも剣道場の壁に大切に飾られている。「富津中の武道館は昔の野間館の後身だ」というひともいる。

別荘は昭和40年代、講談社インターナショナルの社員、とくに外国人社員がよく利用していたようで、省一社長の代にも地元の人々とは友好的な関係を保っていた。その後、この別荘の建物を中心とする二五〇坪ほどの部分が大学の某先生に譲られてからは学生が多く出入りしていたが、現在は家屋も老朽化し、庭には雑木や草が生い茂っている。また、周辺の土地は良好な別荘地として開発され、梅屋庄吉の別荘跡地も不動産業者が分譲地として売り出し中である。

第五章　玉川学園開学に援助して土地購入

そのころの清治と講談社

前例にならって野間清治の不動産増殖が加速した昭和初年ころの野間清治の資産と事業の概況をまず確認しておこう。

「講談倶楽部」の昭和4年1月号附録の「全国金満家大番付」（帝国興信所調）に、清治は「前頭」に位置して、資産見積り六百万円の項にランクされている。また、6年1月号には七百万円、9年1月号には八百万円となり、年々増加、ランクアップしている。また、6年と9年には、「全国多額納税者一覧」にも掲載されているが、ここでは6年の納税額十四万三九三八円で東京府の12番目、9年には十一万五五四〇円で10番目に位置して、まさに有力資産家のひとりとなった。これらは、大正末期から昭和初期にかけての清治の経済的な成長を物語っている。

この時期、清治は「幼年倶楽部」の創刊（大正15年）をもって「九大雑誌」の発行を完成した。また、昭和5年には報知新聞社社長にも就任するとともに、同年、滋養飲料「どりこの」の販売開始に続き、「キングレコード」を誕生させた。後述するが、昭和9年には、朝鮮に野間鉱業部を新設するという事業の海外展開もおこなった。

このような、積極的な事業展開とあいまって、自らの資産状況を自社の発行する雑誌に掲載したことは、当時の清治の自信の強さを現わすものであろう。

当時の清治のことについては、「月収は二千円はあたりまえ、三千円を超すことも珍しくなかったそうだ」、「野間が大部金回りがよいらしいからと方々から目をつけられて、土地家屋の売りつけをもくろむ者も現れてきた。その後、音羽の邸をはじめとし、市の内外に数万坪の土地所有者になった。地所の好きな野間、これは興味ある彼の一面ではないか」などと、文藝春秋発行の雑誌「話」（昭和7年6月号）の「講談社とはどんな所か」（池内訓夫）に書かれている。

小原国芳から学園開学への支援要請

いまでこそ玉川学園の土地は、東京郊外の良好な住宅地であるが、この話がでてきた昭和4年ごろは、はずれもいいところ、山林に覆われた丘陵地帯であった。この土地は、これまでのものとはまったく異なる経緯で入手することになったものであるが、この件も清治の本領が発揮されていて興味深い。ここでも重要な役割を果たしたのが、清治の不動産関係の顧問役である前出の小幡公である。彼の『五十年史資料』における発言と、『玉川学園五十年史』の記録から探っていこう。

当時、成城学園の校長事務取扱をしていた小原国芳が、昭和3年10月に講談社の取引先である王子製紙の役員（のちに専務を経て会長）の井上憲一とともに清治を訪ねてきて、新しく玉川学園をつくるために、小田急沿線の鶴川と原町田の間の土地三十万坪を買収する計画があるのだが、その資金五十万円を貸してほしいとの要請があった。

小原は勤務していた成城学園の教育方針に飽き足らず、新しい全人教育・労作教育の男女共学の学園の創立を志していたが、学園子女の父兄であり、清治と懇意である井上を煩わしたのであった。

『学園史』には、「先立つものは金である。昭和3年の秋、〔野間〕先生と面談。新しい学園計画を三十分にわたって縷々説明し、五十万円の土地買収費の融資を依頼した」とある。小原は、成城学園勤務時代には新教育運動の指導者として全国的にも活躍するとともに、都内牛込にあった成城学園を世田谷区の砧に移転させ、学園都市をつくった実績をもっていた。その会見のことを小幡は語っている。

「小原氏は、社長に会って自分の抱負と計画を話して頼んだところ、社長は『土地さえしっかりして見込みがあれば貸してあげてもいい。それについては神田に小幡という男がいるから〔神田に事務所をもっていた〕、そこに行って相談をして、その場所をみて、計画を調べてみて、よかろうと言ったら金を貸しましょう』と言われたから、一つ骨を折ってください、というわけだ」

小幡は念のため清治に会って事情を聞くと、井上氏が小原園長に紹介者として同行されたことと、話の筋が通っていることから、いいと思うが金は寄付するのではない。貸すんだから確実でなければ困る。一応調べて、果たして実際に成り立つかどうか、小幡の判断で調べてくれとのことであった。

小原がんばって学園建設へ

そこで、小幡は小田急線が近くを走る現地視察をすると、全体がほとんど緩い傾斜の小丘陵から成っており、家もなく、雑木林、松林が多く、田んぼは少なく、おもに畑であった。そこに学園をつくり、周囲を分譲するという計画だから、住宅地としても面白いと判断した。しかし、図面をみると、この土地の中央に小田急の駅が不可欠と考えられたので、小原に駅の設置を小田急側と交渉すること、それに、資金が五十万円必要ならば、せめてその一割分は自力で分譲地の事前予約をとるようにと、二つの条件をつけ、これができれば、清治から資金を融通させようと回答した。小幡は清治から全面的な委任を受けていたようであり、また、小原の力量をためすつもりの条件提示であった。

小原は早速に小田急と交渉をし、鶴川と原町田の間（5.8㎞）に新駅開設の契約をとりつけた。小田急側の提示した条件は、駅舎の土地と建物の無償提供と駅員配置費用のための最低売り上げ補償負担であったという。小原は愛国生命社長の原邦造から七千坪の予約をとり、五万円の前納を獲得して、数日間で二つの条件をこなした。一方、現地の地主対策も進んできたので、小幡は清治にこの経過を説明して了解をとり、抵当権を設定して資金を出すことにした。紙幣と硬貨をとりまぜた四十五万円分の土地代金は2日にわけて講談社少年部の剣道有段者数名がつきそって、東京から車で運搬したという。

学園村三十万坪の土地の登記は12月26、27日の2日がかりで、鶴川村登記所においておこなった。「玉川学園略年譜」の冒頭第1項には、「昭和3年12月、講談社野間清治氏より四十五万円を借用、本町田の丘陵地百町歩を購入。玉川学園建設に着手」と記載されている。

開発計画は、三十万坪のうち、学園の敷地三万坪を残し、残り二十七万坪を売るもので、土地代、諸経費を払っても百万円以上の利益が見込まれるというものであった。

「高原の学園都市、理想の夢の苗床、真の教育の道場たる玉川学園の建設費を得るために教師が経営する田園都市です。夢のごとく美しき文化的芸術的都市の建設!

図 19　小原国芳と玉川学園五十年史

分譲地二十余万坪、一坪六円より、五百坪一口、五年年賦」

これは当時の新聞に掲載された広告のコピーである。この地域はいまでこそ小田急線で新宿から四十五分ほど、良好な学園都市、住宅地であるが、当時としてはまだ辺鄙な場所であった。分譲地はすぐに完売できるはずはなく、一方、土地を整地し、つぎつぎに学園の施設を建築していくと、資金が不足してきた。小幡は言う。

「いくら金があっても足りない。仕方がないので、社長に献策して土地を六万七千坪ばかり引き取ることにした」

これは販売予定二十七万坪の約四分の一の面積である。販売が順調に進んでいなかったため、最後には清治を頼りにした様子がわかる。まさに武士の商法とも言えようか。『学園史』には、その後の学園経営の苦しい事情が種々記述されているが、

「その間、さすが信念の人小原園長も、創設の際の出資者野間清治への全面的経営委譲、あるいは日本大学への譲渡計画など真剣に考えられたこともあったようであった」と書かれている。

図 20　現在の玉川学園遠景（学園パンフレットより）

後年（昭和49年）、小原は日本経済新聞の「私の履歴書」の「玉川学園の創設」の項に、清治からの資金借入について述べている。小原は地主二百七十人の前で学園建設の理想についての大演説をおこなったが、土地の代金については、当時の市価の3倍の坪平均一円五十銭という思い切った提案をおこなって、了承を取り付けたあとのことである。

「さて、土地はまとまりましたが、金がない。全くの無一文からの出発。王子製紙社長［誤り］（筆者註以下同じ）の井上憲一さんに保証人になっていただいて、講談社の野間清治さんに借金の申し込みに出かけました。

『お願いにまいりました。こじきではありません。金利も払います。百万坪の土地を担保にします。日本一の出版社の文化事業と考えて貸してください』［これに対して清治は］『王子の社長さんを連れてこられたのですから、お貸ししないわけにはゆかんでしょう。参りました』

こうして野間さんから四十五万円の融資を受けることになりましたが、（中略）『諸雑費八万円は自分で作りなさい。八万円の現金が用意できない男には大事業はできないと思います』と、試練を与えられました。［が、やっと］野間さんの試験に合格、四十五万円を借りて土地を買うことができました。次は住宅地を造成して分譲です。だいたい坪七円、順調に売れていき、現在の学園の敷地二十万坪と校舎の建設費が残りました」とありますが「百万坪の土地」［百町歩の誤り］などの数字の間違いや、販売の状況など、かなりキレイごとが書かれてあります。

「野間さんは終生の恩人だ」

『五十年史資料』には、昭和34年に、玉川学園創立三十周年にあたり、小原学園長父子が講談社を訪れた時に、幹部たちに語った言葉が、笛木悌治によって記録されている。

「対談わずか一時間にして、一介の青年教育者に四十五万円を貸してくださった。今日、小原国芳あるはまったく野間さんの大恩義のおかげです。野間さんの偉さ、自分を信じてくれた有難さはなんとも言えない感激であり、野間さんは自分にとって終生の恩人だ」

また、清治とは全幅の信頼関係にあった小幡公はこの一件をつぎのように述懐している。

「野間が貸さなければ、いまの学園というものは成立しなかったからね。その当時、小原はそんなに有名ではなかった。しかし、社長は教育に対しては一見識を持っていた。だから一つは小原の教育方針に共鳴した。それに、土地を買ってそれを分譲すると言うんだから、堅実さもみたんですね。実際にはそういかなかったんだがね。しかし、こんなことは普通の人ではできませんよ。おそらく野間大将じゃなければやらないでしょう」

この講談社、野間清治の土地はその後、長期間にわたり有効利用されなかったらしいが、戦争中は食糧増産のために「休閑地利用」といって付近の人々に利用させた。これも小幡の言によると、「ところが終戦後、この土地は畑地とみなされ、農地法による不在地主の故をもって、買った土地の大部分は国にタダみたいな値段で取り上げられてしまった」のである。

玉川学園は現在都内最南部の私立総合学園として、東京都町田市玉川学園に所在し、校地は、東京ドームの四十倍の五十八万㎡、町田市、川崎市、横浜市にまたがり、いまも校地の半分は緑地である。なお、現在、学園構内に野間清治の痕跡が存在するか、どうかを学園本部に問い合わせをおこなったところ、

「『玉川学園三十年史』や創立者小原国芳の随筆など、多くの印刷物に『学園の大恩人』としての野間清治氏の貢献についてのさまざまな記述が確認でき、そのすべてから講談社社長野間清治氏に対する多大な感謝と畏敬の念が感じとれるものである。しかし、調査した結果、現在、学内に胸像や石碑といった痕跡は残されていない」との回答を得た。

最後に後日談をひとつ。これは清治の運転手をしていた戸井徳次郎の思い出である。

「社長は小原学園長から学園訪問を要請されていましたが、やっと出かけることになりました。学園に着くまでには、車で何時間もかかりました。学園の前から丘を見

上げると、芝生に男女学生が三々五々と寝そべって楽しそうに談笑していました。それを見た社長は、私に『もうわかった、帰ろう』と引き返すよう命じられました。」

清治は男女席を同じうせずの考えをもっていたのであろうか。

第六章　ついに目白本邸を入手する

音羽の私邸をどこに移すか

昭和5年6月、清治は報知新聞社社長に就任した。これは、元来、自分から新聞界に進出する意図はなかったのだが、当時、窮状にあった報知新聞の社長の大隈信常侯（重信の嗣子）からの懇望もだしがたく受諾したものだった。

このころは、音羽の私邸の移転構想が出ていた時期でもあった。前章でふれたように、音羽に移転の際は、まず、自邸を移し、のちにその余地に将来社屋を建てることを考えた、職住接近の基本構想があった。清治の考えは、そのような先を見込んでかなりの「余地」を含んでいた土地買収であったのだが、社業の発展はその予想を大きく上回っていた。そのうえ、団子坂の会社に出社しない「不在社長」として、私邸の一部である西洋館を来客用に使用していたのだが、大正大震災が起こり、日本家屋の方は被害がなかったものの、その西洋館が倒壊したため、不便となり、その再建案が図られることになった。これは社史『講談社の歩んだ五十年』に、この際におこなわれた協議について、小幡公の発言が記録されている。

「しかし、建てるとなれば、二十五万円ぐらいかかる。この金にいくらか足せば、いい住居が買える。音羽の土地もその後買い足して当時一万坪近くになっていたから、将来、社が大発展しても狭いことはない。雑誌王国などといわれていたのだから、これくらいな敷地は必要だということから音羽が新社屋の敷地となったわけです」

このようにして、音羽が新社屋建設の敷地と決定したので、今度は清治の私邸の候補地を探すことになった。その結果、新住居は以下に述べるような経過で、社屋予定地の音羽から近い、土地も広く、建物も立派な「目白邸」を購入することになった。

この経過についても、同じく小幡公の談話によって知ることができる。

「結局、(昭和6年)目白の邸を買ったわけです。あの邸は、田中光顕伯が建てたものですが、田中伯から渡辺治右衛門の手に移り、渡辺さんが大正大震災とその後のパニックで参ってしまい、以来、約10年間［正しくは5、6年間］、留守番の人がいただけで、手入れも行き届かず随分荒れていました。しかし、建物は、田中伯が半分道楽の気持ちで造ったくらいのものだけに、立派なものであったし、音羽に近くて便利、土地も七千坪くらい、社長の本邸として好適というので、買い取ることになったのです。しかし、社長は買う前に一度も見に行きませんでした。私が何回も見に行って図面によって説明し、買うことにきめたのです」

田中光顕伯爵豪邸を建てる

では、この目白邸を建設した田中伯爵とはどのような人物であったのか。

田中光顕は、明治から昭和にかけての大物軍人・官僚・政治家で伯爵。いわゆる「維新の元勲」のひとりである。天保14年（一八四三）土佐国生まれ、幕末の元治元年（一八六四）に土佐藩を脱藩後、大坂で新撰組刺客の襲撃を受けたりしながら、伊藤博文、木戸孝允、山県有朋らと交友し、薩長連合の成立に尽力した。維新後、新政府に出仕した彼は明治4年から6年には岩倉遺欧使節団に加わり、帰国後は陸軍の会計部門の責任者を歴任、四十二歳で伊藤博文内閣において内閣書記官長になり、続いて会計監査院長、警視総監、貴族院議員、宮中顧問官、学習院院長などを歴任、明治31年、五十六歳で宮内大臣に就任、以来11年余にわたりその地位にあり、宮中政治家として大きな勢力を維持した。40年には伯爵を授与されたが、42年に表舞台からは引退し、昭和14年（一九三九）に、九十七歳で死去した。明治から昭和まで息の長い政治家であった。

明治30年ころ、目白のこの地に邸を構え、移住したものであるが、隣地は親友の総理大臣・山県有朋の「椿山荘」であり、すでに明治10年代に二万余坪の庭園をもつ豪邸が建設されていた。当時は、「庭の椿山荘、建物の田中邸」とそのすばらしさが比肩されたものであった。

この約八千坪の土地に田中伯が建築した邸宅は、建坪約三百五十坪の大名屋敷風の重厚壮大な建物であり、その建築費は十八万円余、施工は当時三井男爵や岩崎男爵、高橋是清などの大物の邸宅を建築した桑名出身の名棟梁大川喜十郎といわれている。

現在でも、建設当時そのままの威容を誇っていて、現存する明治期の建造物としては屈指のもの、総体的にみて十分に重要文化財級である。『歴史遺産・日本の洋館・

図 21　目白本邸・蕉雨園玄関

明治篇』（講談社）には、「これがはたして明治になってからの建物か、江戸の大名屋敷の遺構じゃあるまいか、そう思いたくなるような風貌」と、建築学者・藤森照信の感想が記載されている。

つぎは、京都工芸繊維大の中村昌生教授の『蕉雨園の建築について』からこの建物の概観を見てみよう。そこには、

「建物の主室は玄関・洋風応接室・大広間（四十三・五畳）からなる公的接客空間、書院造りの小広間、そして奥向きの数寄屋造りの諸室と大体三つの部分に分けられる。洋館・和館の並立でなく、和式の構えの中に洋室の空間を取り組んでいる。玄関は入母屋造りの妻に破風の車寄せを付した堂々たる構えで人を迎える伝統的格式が厳然と踏襲されているのである」と述べられている。

若干の説明を加えれば、主屋は入母屋造りで、二方に縁欄干をめぐらし、大広間は格天井と貴人護衛のための四畳の武者隠しが付属しており、大広間と菊の間の障壁画は宮中絵師・下條桂谷の筆になるものである。また、大広間を取り巻くガラスは御殿の御簾を模した透かし模様の入った英国製品である。

図 22　蕉雨園大広間

田中伯は周辺の名士連の豪邸、とくに隣の山県有朋邸を意識して建築したことは想像に難くない。あるいは、皇室関係者のお出ましを心待ちしていたことも考えられるだろうが、この夢は実現しなかった。田中伯はこの邸を二十年間本邸として使用したが、大正3年、長年の官職勤めを退くと、8年には当時の財界の雄、渡辺治右衛門に譲り、静岡県富士川町（現富士市）の古谿荘に隠棲した。

渡辺治右衛門の破綻と根津嘉一郎の登場

目白邸のつぎの持ち主になった渡辺治右衛門に話を移そう。

渡辺家は、播磨国明石の出身で治右衛門は江戸時代から続く資産家・海産物問屋・渡辺治右衛門家の十代目であり、明治10年創立の東京渡辺銀行（資本金五百万円・本店は日本橋区本材木町）の頭取であった。一族の関係会社は五十有余、東京市内でも十万坪の土地を所有していた。昭和2年刊の「大日本通称王番付」（『社会万般番付大集』・大日本雄弁会講談社）というものがあるが、渡辺は「地主王」の名で、その横綱格であった。

渡辺の本拠は谷中真島町で、広大な土地と邸を持ち、現在の西日暮里駅近くには自分の名を付けた「渡辺町」も存在した。地主王とよばれていただけあって、東京の各地に土地不動産を所有していたが、この旧田中邸はそのなかの最たるものであり、最盛期の渡辺家では、10代目は旧田中邸に住み、真島町の邸には9代目未亡人が住んで一族の要となっていたと言われる。

しかし、大正9年の戦後恐慌と12年の関東大震災によって、経済界は大きな打撃を受け、金融界でも経営の行きづまった銀行が続出した。そのなか、昭和2年3月14日の衆議院予算委員会で答弁に立った蔵相片岡直温の失言から、翌日、東京渡辺銀行は休業、一週間のうちに銀行の取り付け騒ぎが各地に波及した。

このため、東京渡辺銀行と関連企業は倒産し、東京屈指の資産家渡辺家は破綻した。その結果、負債は総額四百六十万円ほどで、根津嘉一郎の会社・根津合名の抵当に入ったが、目白の邸も治右衛門のあとの当主六郎（治右衛門の末弟）が所有していたものの、担保物件のなかの目玉であった。

このころ、根津のもとへ出入りしていた三宅勘一という不動産業者（元東京土地住宅専務）は、清治が邸宅を探していることを聞きつけ、訪ねてきたことから目白邸をめぐっての根津との交渉が始まった。三宅は根津のところへお百度参りしたが、根津は応諾しなかった。この交渉には清治の命を受けた例の小幡が当たることになったが、交渉は難航したため、ついに清治自ら出馬しなければ、ということになった。清治は邸の下見もしなかったが、決意して根津のところに出かけて行った。これまでの不動産関係の交渉に清治が直接乗り出したことはほとんどなかった。


ここに、明治期の元勲の田中光顕伯爵が建てた大邸宅は、大正期の「地主王」と称せられた渡辺治右衛門が入手・利用したものの、借金のカタに、「鉄道王」と称された根津嘉一郎の傘下に入り、それに、当時、「雑誌王」と呼ばれた野間清治が入手を希望するという当代の三人の大物が絡むという面白い構図ができたのである。

根津嘉一郎は、山梨県出身で、多くの企業に関わり、根津コンツェルンを形成して、当時の「金満家番付」に資産一億円と記載されている大物であった。一方、清治もやっと資産家の仲間入りはしたものの、根津とは格段の相違があった。根津としてみれば旧田中邸は担保のなかの最大の目玉で、これをはずしてしまうと担保がコマギレになってしまうというので、交渉は難航したのである。

しかし、清治は、「現在の住居には社屋を建て、自分は、ぜひともあの邸に住みたいので」と心を込めて懇情した。最後に、根津は、「最高の物件だから力のある人、自分で本邸として住む人に譲りたい。野間さんならば維持できるだろうから安くてもよい」といった。

結局、昭和6年になって、金額は五十万円と決まったが、滞納していた税金五万円分を合わせて、総額五十五万円となった。この土地は七千五百余坪、建坪三百五十坪余であった。

目白時代の本拠、終の棲家となった目白本邸

破綻以来、屋敷は手入れが行き届かず荒れ放題になっていたので、その後、土地建物の改修に多額の費用がかかった。洋室の応接間や大広間の壁紙を張替え、畳替えも行った。音羽の日本邸から多くの引越し荷物が持ち込まれたが、清治は部屋の割付や調度品の新規購入、庭石の配置に至るまで全部を人任せであった。

小幡公は当時のことを、「修理をするのに、六万円余かかったが、清治はその時に初めて見に来た。責任の全部を僕に持たせるのだ。だから、こっちは一生懸命にならざるを得ない。まったく人使いの名人だった」と語っている（『人間　野間清治』）。

「目白邸」は昭和6年に取得、移転はその11月になった。『五十年史』の「新社屋の建設に着手」の項に、「この年（昭和7年）2月、音羽の新社屋の建設に着手したので、野間一家は小石川区（現文京区）関口台町に移転した」と記載されている。清治はこの邸を大変気に入り、奥向きの数寄屋造りの最奥の「あやめの間」を自室と決めて、

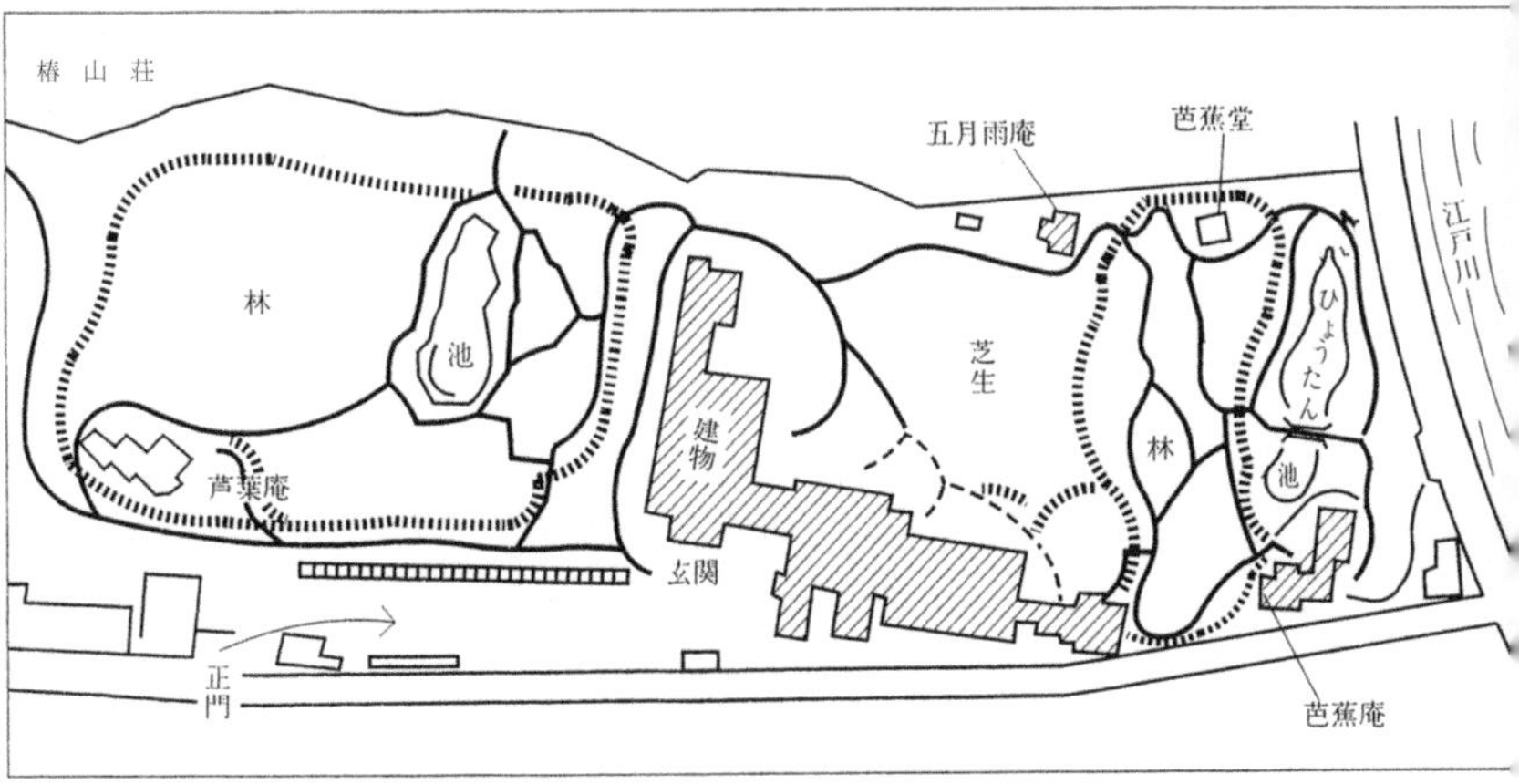

図 23　旧目白本邸・現蕉雨園全図

床の間を背にして、書類がうず高く積まれた大きい書卓を前に、庭の方向を向いて執務していた。

大広間では年に一回の各雑誌の新年号会議が数日間開催された。会社からは数人の社員、少年が本邸勤務として派出され、事務室に常勤して、事務や来客の接待、邸内清掃・整備に当たった。清治は左衛夫人と連れ立って、よく広い庭内を散歩したが、思いつくことがあるとメモをとる書記役の少年がかならず従った。

目白に移転してからの7年間は清治の目白時代と分類されるが、心臓病などを抱えた病躯のため、出社はほとんどせずに、「不在社長」として邸から社業の指揮をとった。


この間、音羽邸跡に着工した新社屋は昭和9年7月に完成、盛大な披露をおこなった。こののち、別荘関係では、10年に伊東の北里柴三郎別荘を、また11年には静岡富士川町岩淵（現在は岩渕）にこれも田中光顕が建てた古谿荘を譲り受けている。

社業では、11年に清治は最後の大仕事となった「講談社の絵本」を刊行したが、13年10月16日、清治は午前中、居間に少年一人を呼んで、報知新聞紙上の「人生に苦あ

図 24　目白本邸における野間清治

りや」の一文を読ませていたが、「人生に苦しみなし、人生は楽しみの連続である」というくだりに、「うん、そうだ、その通りだ」と、力強くうなずいていた。その後、上機嫌で浴室に入り、その少年に背中を流させていたが、急に胸痛を訴え、急性狭心症で急逝したのである。享年六十一であった。目白本邸は一代の英雄野間清治の終の棲家となったのである。

二代恒社長、三代左衛社長もこの目白本邸に住んだが、昭和16年に野間家に入った四代省一社長も、終戦前後の混乱期をここで過ごした。隣の椿山荘が全焼したときの空襲でも、幸いにも本邸は無事であった。その後、42年に土地の大部分と建物を講談社に譲渡し（現在は野間文化財団所有）、46年、目白通りに面した隣地に新邸を建築し、省一社長夫妻が住まわれた。

また、その後、この新邸は平成12年に改装して「講談社野間記念館」となり野間清治の収集した美術品および講談社の出版物資料を主にした展示をおこなっている。

なお、付言すれば、旧目白本邸の土地は田中光顕のころから江戸川（神田川）寄り

図 25　野間清治・左衛夫人・恒（音羽本邸裏庭にて・昭和 9 年）

に、松尾芭蕉ゆかりの芭蕉庵の故地を含んでいるが、ここは安藤広重の『名所江戸百景』に描かれた由緒ある土地であり、講談社の所有になってから、この土地と建物は漢学者の諸橋轍次により「蕉雨園」と命名された。

第七章　清治入魂の音羽新社屋の建設

「居（きょ）は心をうつす」の白亜の殿堂

野間社長一家が第二章で記述した音羽邸から関口台町に移転したのち、昭和7年2月、その跡地に大倉土木により新社屋の建設が開始された。清治がこの時に設計事務所に提案した要望は、この社屋のみならず、関係する不動産（建物・庭園）すべてに対する清治の基本的な考え方を示していて大変興味深い。

「居（きょ）は心をうつす、建物は生命財産の安定を期するばかりでなく、心の容れ物であり、魂の道場でもあると考えていた清治」（中村孝也『野間清治伝』）は、次のように細かに依頼している。

「どうぞして荘重なるものに、光輝あるものに、華美をさけ、質実剛健なるものに願いたい。どうぞして我等の精神を、我等の魂を、我等の社風を、我等の社格をその間に織り込んでいただきたい。（この前後一部省略）万事万端仕事のしよいように、能率の増進が出来ますように、そして、厭味のない、何となく懐かしい、しかも侮り難い、威あって猛からざるような、君子の大人格を備えたような、そういう建物にお願い申し上げたい」

まさに、清治の細心な、そして、烈々たる熱意が横溢している文句である。受け手にとっては、なんという難しさであろうか、しかしやり甲斐のある目標ではないか。

清治入魂の新社屋工事は二年半を要し、昭和9年7月に完成した。建物総延坪数三千七百余坪、地上六階地下一階で、「まさに帝都城北に一大偉観を現出せしめた」（『講談社の歩んだ五十年』）のである。この建物の披露会は8月4日から四日間にわたり盛大に催された。六千名にものぼる来賓は、「さすがは雑誌王国、大講談社の殿堂だ。素晴らしい」とその壮麗さに驚嘆したそうである。なお、明治天皇を尊崇する清治は敷地内中央の池畔の明治天皇行幸のあった西洋館跡近くに明治天皇を奉祀する総ヒノキ作りの護国神社を造営した。

その後、団子坂の旧社屋から集団移転した社員の活動はめざましく、当時「白亜の

図 26　音羽に完成した新社屋（昭和 9 年）

殿堂」と呼ばれたこの建物は、「音羽の不夜城」と世間の評判になった社業の聖地となり、以来、盤石の本社所在地となったのである。丁度その頃、日比谷に完成した明治生命本社は後に重要文化財に指定されたが、当時これと同程度の建設費がかかったといわれた音羽の殿堂は今でも建設当時そのままの外観・骨格を維持しており、建設の経緯も明らかなので、申請すれば、当然、昭和初期の歴史的建造物として認められる重文級のものなのである。

第八章　伊東の北里別荘を入手する

野間清治は昭和6年、目白の旧田中光顕伯爵所有の豪邸を入手し、音羽から移転して自宅とした。その後、この邸は目白本邸と呼ばれ、清治は出社せずにここで事業の指揮をとる方式をとり、昭和13年に死去するまでのいわゆる「目白本邸時代」の本拠となった。本業の出版は隆盛を極め、この時期は講談社の戦前における黄金時代となった。

一方、清治は資金的にも余裕ができて、別荘などの不動産の取得や書画などの美術品の収集をおこなった。この章はその時期において伊東の北里柴三郎の別荘を取得したことに関係する話である。

北里柴三郎　伊東に別荘を建設

伊東は、明治から戦前の昭和の頃までは大変な僻地で、不便極まりないところであった。明治時代は東京の霊岸島から主に汽船で熱海・網代を経由して伊東まで行ったが、明治41年ごろから温泉休養地として知られるようになって、別荘が出来始めた。

北里柴三郎は嘉永5年（一八五二）、熊本県生まれ、ペスト菌を発見した世界的な細菌学者である。明治末期、当時すでに医学界の重鎮であった北里柴三郎博士がこの地に別荘の建設を始めたのは明治44年（一九一一）のことであり、大正2年に完成した北里別荘は伊東の別荘のなかでも草分けといってよいくらいの古さであった。そして、当時中央の有力者であった北里のこの別荘の存在は、その後の伊東温泉の発展に大きな影響を与えたのである。多くの貴賓が来館利用した輝かしい歴史を持った北里別荘を皮切りに、大正から昭和にかけて、東京の各界名士が景色のよい、町の中心を流れる松川河畔あたりに続々と別荘を建て、町は発展していった。

では、なぜ北里がこの伊東の地に豪壮な別荘を構えることになったのであろうか。まず、建設から昭和10年に野間清治へ譲渡するまでの経緯を詳細に記した小穴聡（元新潟労災医院院長）の「伊東別荘事始め　北里別荘の回想」（伊豆新聞連載）に準拠して、昭和10年ころまでの北里別荘の歴史をたどることにする。

この記事の筆者・小穴の父の甫吉は北里柴三郎博士の門下であった。健康を害して

図 27　北里柴三郎

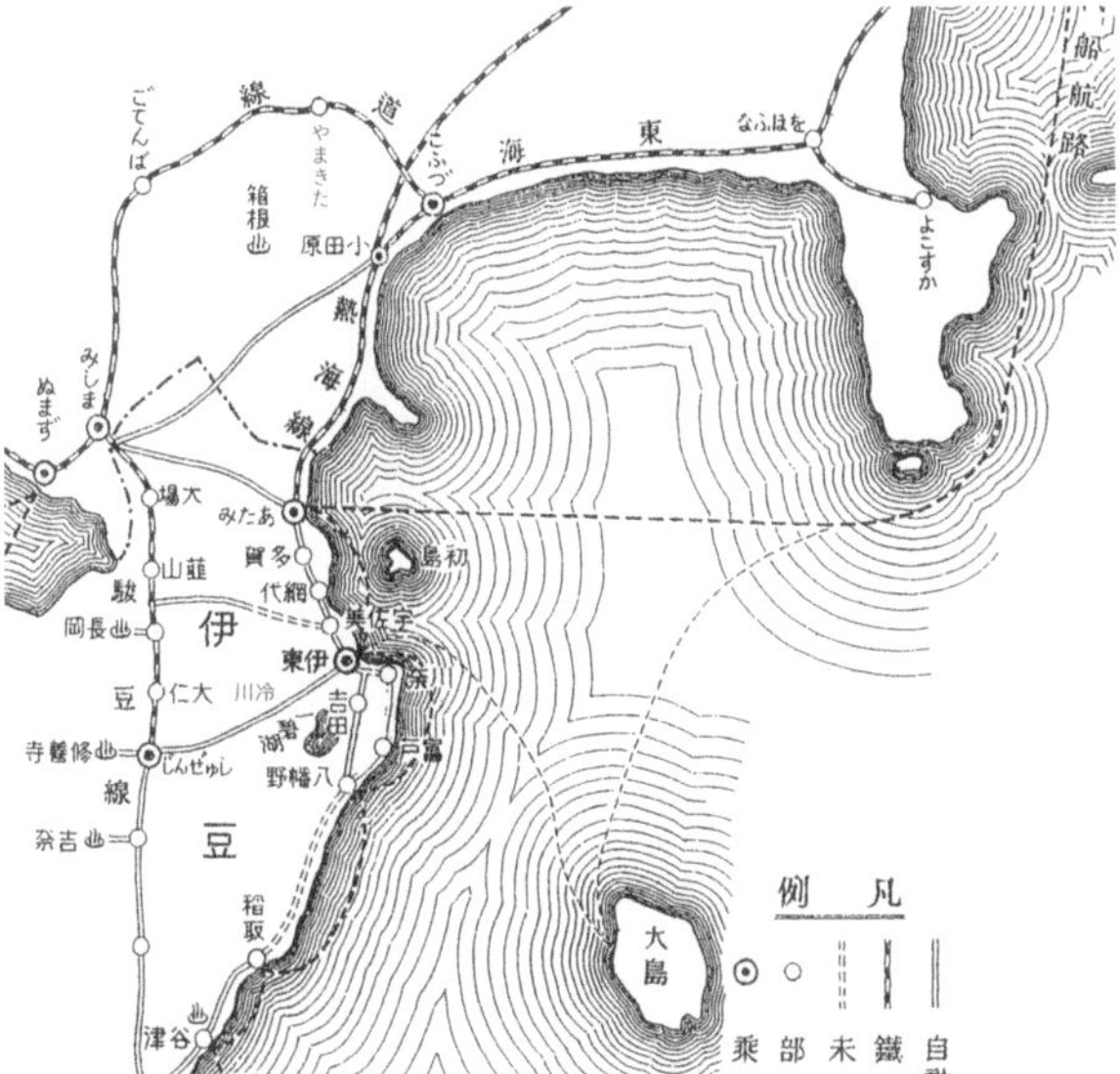

図 28　昭和 5 年頃の伊豆半島周辺地図

友人から転地療養を勧められ、その適地として、伊東は温泉がでるし、魚も豊富で、静かで素朴な土地だと紹介され、明治34年にホテル暖香園の前で開業した。10年後に、北里は弟子の小穴が伊東にいることを思い出して、別荘を建てたいので土地を探してもらいたいという依頼をした。小穴は恩師に報いるのはこのときとばかりに、あちこち物色した結果、自宅に近接する「暖香園と田圃の中を流れる小川を境とした松川右岸沿いの一万㎡余の広い土地」を候補として報告したところ、博士はみずから下検分に赴いた。

当時の東海道線で新橋から御殿場回りで三島に行き、三島から豆相鉄道を利用して半島中部の大仁に入った北里を小穴は冷川まで出迎えた。そして、当時はまだ冷川峠越えのバスは開通していなかったので、そこから駕籠で伊東まで案内したという。

北里は現場を見て大いに満足して買収にかかったが、この土地は広大な田圃で、地主も多かったため難航した。整地には数十台の馬車が上流の岡橋を通って奥地から盛り土を運搬した。周辺ではこの大規模工事に驚き、いつとはなしに東京の人が伝染病の病院を建てるらしいとの評判がたち、小穴は窮地に立ったことがあったという。

図 29　旧北里別荘玄関

大正2年（一九一三）11月に、北里大先生好みの豪壮な建物が完成した。工事は地元の棟梁が伊東の名誉にかけてと張り切って担当した。経費の詳細は不明だが、膨大な額にのぼったはずである。

別荘は、当時流行した洋風の応接間などなく、銘木を贅沢に使った純日本式破風造りで、多くの和室と浴室のある豪華広大なものであった。広い庭園には大小の庭木を植え込み、多数の巨岩銘石を運び入れて配置、築山を築き、泉水をあしらい、屋敷境の小川から引いた池には真鯉、緋鯉が運ばれ、平地一面には芝生を敷きつめた。縁側からは雄大な周囲の山々が一望のもとに見渡せるすばらしい景観であった。

広い玄関前に、著名な彫像家に作らせた東大寺の仁王と鬼の等身大の一対の大きな青銅像が厳然と据え付けられたのも博士の豪壮好みの表れであり、これには来訪者が皆驚いた。別荘を訪れた人々には、多数の医学関係者のほか、政治家、実業家、華族、皇族があり、宮内省の依頼で、伏見宮、久邇宮などのお宿にもなった。

また、温泉の湯量の豊富さに着目した北里は、ドイツ留学中に見た温泉利用の大浴場を自身で建設した。昭和5年の地図には、別荘の敷地内に「万人風呂」と記されているが、当時は豪華な別荘と20×10×2mの屋根付き温泉プールは伊東の名所ともなった。別荘の近くにある「通学橋」は博士が私財で建設したものであり、町民に大いに感謝された。

清治　北里別荘を譲り受ける

北里博士は、昭和6年6月14日、八十歳で脳出血のため急逝した。

ところが、正三位勲一等、世界的な医学者であった博士もお金のほうはまったく無頓着で、思いがけない多額の負債を残したため、北里家では、東京麻布の本宅をはじめ、伊東の別荘などを手放さざるを得なかった。昭和10年、「できるだけ原形を保存したいという好意的な意思表示をした野間清治の手に渡った」（小穴談）のである。

昭和9年、神田で刀剣・書画骨董商を営み、清治のところへ出入りしていた飯田国太から伊東の北里別荘についての購入打診があった。彼の父は伊東で旅館を経営していたため、別荘処分の情報が入っていたものと考えられる。

飯田は清治の不動産関係の顧問役である小幡公へ話を持ち込んだ。小幡は「温泉の権利が十本もあり、伊東で一番の別荘だ」と清治に橋渡しをしたという。『五十年史資料』の小幡の談話によれば、「清治が飯田と直接交渉した。値段は二十万円か、三十万円で、安い買い物だった」が、『講談社の歩んだ五十年』には、「昭和10年4月16日、静岡県田方郡伊東町（現伊東市）の土地四三九五坪、鉱泉地十坪、畑三反六畝、建物十二棟延べ三八四坪を北里俊太郎より買受けた。医学博士北里柴三郎の建築にかかる別荘である」の記述があり、譲渡された時期と物件の内容が判明する。

別荘は入手後に植木も入れ、庭も模様替えし、建物も増築することになり、その完工予定はその年の12月と決められた。このとき、それまで純和風建築であった別荘に、二階建て（一部三階）洋館と道場が増築されたのである。洋館の設計は清治が恒と相談して、森田孟睦一級建築士が行い、その施工は前年に音羽の社屋を完工させた大倉土木であった。監督兼管理は社員・神宮龍一が現地滞在して当り、完成後の管理は戸矢政雄が引き継いだ。洋館は、一階にベランダやサンルームをもった重厚な趣きの洋風客室と食堂を配し、二階に二組の洋風客寝室等を設け、一、二階の奥には落ち着いた雰囲気の和室もあった。三階には望楼を備え、伊東の海や周囲の景色を眺望することができるモダンな建物であった。　別荘の増築が完成した昭和10年12月に社長一家は来東し、1月1日は伊香保、千葉の別荘と同じく清治の意向により新設された道場開きを行なって、清治は至極ご満悦の様子であったという。このときは、4月20日ごろまで滞在した。また、11年の暮れにも一家は伊東で過ごしたが、令息恒（のちに二代社長）と町尻登喜子の縁談があり、中途で帰京して正月には戻らなかったという。

道場は温泉プール隣接地に建設したが、その発端について、「昭和9年には、伊東の警察の道場を借りて稽古をした。若社長と少年5、6人が行った」と南雲春雄が社友会史の座談会「野間道場の思い出」で追想しているが、南雲は、「多分、仲介者から別荘売却の報があり、社長が下見を兼ねて若社長を差し向けたのではないか。宿泊も別荘そのものでしたので、事前に先方の了解を得ていたものと思われます」とも語っている。

清治の特命でここの初代の管理人（奥係）になった南雲春雄が清治の岩渕・古谿荘入手に伴い、翌年、岩渕に転勤になると、戸矢政雄が引き継いだ。戸矢は、「伊東別荘は初代社長の避寒地であった」と語っているが、当時の清治は、報知新聞の社長も兼ねて超多忙の日々を過ごしていたので利用は少なかったのである。

しかし、ここの滞在中に思いついた企画案を会社の加藤謙一（「少年倶楽部」前編集長）に連絡をとり、これが契機となって、「講談社の絵本」が誕生した。「絵本」は清治の出版事業における最後の大仕事であり、その意味で、伊東別荘は清治の夢の実現の温床となったのである。野間家では左衛夫人が静養のためよく利用したようである。

初代清治社長歿後の昭和16年3月19日、講談社は、社長の遺志により、基本財産五百万円で、財団法人野間奉公会を設立した。奉公会は目的として、「従業員の福利、健康の増進、社会文化の向上」などを掲げたが、伊東の旧野間家の別荘は「清和寮」となり、15年12月17日、社員に厚生施設として開放して、休養と健康増進のため無料で使えるようにした。太平洋戦争末期の昭和19年夏には野間別荘にも東京からの集団疎開児童の寮が置かれた。この疎開児童がいなくなった後は、別荘の道場は施設不足の伊東町の要請により伊東実務中学校に貸与された。

幼稚園の発足と別荘の終焉

終戦前後の食糧難の時代、清和寮は庭園の暖香園ホテル寄りを畑とし、来園者・従業員用に野菜を栽培した。苦難の時代を経た後の清和寮は省一社長一家をはじめ多くの社員が年間を通じて利用するようになった。

戦後、野間別荘・清和寮は大きい転機を迎えた。新教育制度の発足に伴い、貸与していた実務中学校の施設が返却されたのが昭和22年であった。そのため、講談社と野間奉公会はその施設に私立幼稚園を開設することとして、昭和23年5月1日、野間自由幼稚園が伊東市に開園された。幼児教育に強い関心をもっていた野間清治も後世この別荘にまさか幼稚園ができようとは思ってもいなかったことであろう。

その後、清和寮は大正2年（一九一三）の建設以来、九十年近い星霜を経たため、建物の老朽化が著しく進んだ。とくに北里博士が建てた日本家屋の部分の痛みはひどくなり、野間清治が昭和10年末に建築した洋館部分を含めて、年々の修理費用も多額なものとなっていた。そのため、講談社および野間奉公会（その後に野間文化財団に改称）ではこの建物の維持保存をいかにすべきかが緊急の問題となった。

一方、別荘内に設立された野間自由幼稚園は、時間の経過とともに地域に密着して高い評判を得るようになった。平成10年に創立五十周年を迎えることになる幼稚園では、今後の少子化時代における幼稚園経営はいかにあるべきかが問題となっていた。また、建物も清和寮本体と同様に老朽化したため、園舎の改築または新築問題も俎上にあがっていた。検討の結果、野間奉公会では、幼稚園は存続の上、世界的に有名な建築家である安藤忠雄の設計による幼稚園の新築が決まった。問題の和風本館と洋館は園舎建築に伴う作業上の理由から別荘内の他の場所に移転する案も検討されたが、老朽化した建物の状態から保存は困難と判断し、最終的に取り壊すことに決定した。

図 30　旧清和寮洋館・日本館

図 31　解体前の幼稚園園舎

平成13年当時、伊東市では明治時代の建造物を文化財指定して購入するなどの動きを行っていたが、優に重要文化財級の建築物であるこの北里博士ゆかりの野間別荘取り壊しの動きが市民の知るところとなり、平成13年（二〇〇一）、市内でこの由緒ある建物を市として保存するべきであるとの市民運動も起こった。財団は、伊東市が移転保存する場合には建物を寄贈するとの方針を示したため、3月の市議会でもこの問題が討議されたが、結果として市による移転保存案は実現することなく終わり、築九十年の文化財級の近代的名建築はその歴史に終止符を打つことになった。

このような経過をたどり、旧野間別荘の解体は平成13年6月21日に実施され、建物は取り壊された。止むを得ない成り行きとはいいながら、講談社にとっても、また伊東市にとっても、まことに惜しまれる出来事であった。電灯やドア金具など建物の一部の付属品は伊東市に引き取られ、道場の床板は講談社の山の上にある野間道場（解体前）に移送され再利用された。なお、平成13年の保存運動の最中に文化財関係者や郷土史家、建築家による文章と別荘各部の詳細な写真が、「近代伊東の名建築・野間別荘」のタイトルで伊豆新聞に連載された。現在、伊東市の観光・文化施設の「東洋館」には、ほかの歴史的な有名別荘と並んで、野間別荘の写真が展示されてある。

野間文化財団が旧野間別荘の敷地いっぱいに、芝生広場と森の保護を第一に考えて建設した新園舎は、平成15年2月5日に完成し、竣工式が行われた。伊東の歴史とともに歩んだ元北里別荘・野間別荘はいまや再生して伊東市の新名所となっており、今日もまた市内各所から通園している子供たちの元気な声が広い芝生に響き渡っている。

第九章　別荘の集大成・重要文化財の古谿荘

田中光顕と岩渕古谿荘（こけいそう）

野間清治は昭和10年（一九三五）、伊東の旧北里柴三郎別荘を入手したが、その翌年には、静岡県庵原郡富士川町岩淵（合併により現在は富士市岩渕）にある旧田中光顕伯爵の別荘・古谿荘を取得した。清治の別荘シリーズの掉尾を飾るのは、この古谿荘である。

これまでに取得した五別荘いずれも自ら新しく建造したものではないことが清治の別荘取得方法の一つの特徴であるが、清治の不動産顧問の小幡のいうように、「いずれも当地随一の別荘」のなかでもこの最後となった古谿荘は前掲の赤羽、千葉、伊香保、伊東の四別荘とは比較にならないほどの内容をもつ、清治別荘取得の集大成と言ってよい名品なのである。しかも、五別荘のうち現在もその原型を完全に残しているのは、この古谿荘のみであり、平成17年（二〇〇五）に国から重要文化財の指定を受けたものである。

この章では、まず、この希有な建物の建設をした田中光顕伯爵の考えを探ったのち、平成21年でまさに築一〇〇年を超えた近代和風建築の粋といわれる古谿荘の変遷に及ぼう。

田中光顕は、第六章「ついに目白本邸を入手する」で紹介したが、政府の重職を歴任して、宮内省次官であった明治30年、山県有朋の所有する椿山荘の隣地に、豪壮な目白本邸（現・蕉雨園）を完成させたのに続き、宮内大臣となってから、39年に静岡県岩渕の富士川河畔の高台を買収し、42年にそこに本章の主題である古谿荘を竣工させたのである。岩渕は手前の富士川を超えて、富士山を真向かいに、伊豆半島、駿河の海を一望するところで、古来名勝として知られるところである。

大正3年、田中が岩渕に隠退したのち、別荘を建築した動機について、「余の宮内大臣たる時、先帝に供奉して東海道を通過する際、この土地の勝景に富めるを知り、当時静岡県知事たりし故亀井英三郎氏に委嘱し同氏の世話にてこの土地を余の所有になし、その建築も急いだのである」（旧富士川町『郷土教育資料』）と語っている。

この談話の続きは、明治45年に天皇が崩御された後の皇太后の無聊をお慰めしたいと発意したことが大きい理由であったが、都合で中止となったとあり、田中の残念さが滲み出ている談話となっているが、田中の真意は、それ以上に、天皇・皇后の行幸を仰ぎたかったのではないかと推測されるのである。

古谿荘・その建物と庭園

さて、その田中光顕思い入れの古谿荘とはどんなものであろうか。

その所在地は、旧富士川町岩淵の下屋敷、塘内、古谿の三つの字にまたがり、別荘名は字名の一つをとって名づけられた。

清治が入手した昭和11年当初の土地面積は、果樹園、農園、山林などを含めて約十四万三六〇〇坪と驚くべき広さであった。国道1号線西側にある現在の敷地の総面積は約五万二千八百㎡（一万六千坪）で、北西に建物が建っているが、南半は回遊式庭園であり、隣接の果樹園などの農地を除いた面積は約一万九千㎡（六千坪）である。

その建物は建坪約九百四十坪、三十におよぶ部屋が回廊で結ばれている壮大なもので、まさに「明治日本の面影」を感じさせるものである。本館は畳数にして約六百畳ともいわれるが、部屋数が多いため、慣れない人ならば自分の居場所が分らなくなるほどの広さなのである。なお、この古谿荘の設計者と施工者は不明ということになっているが、設計者については、田中自身とも言われている。

建物は格調高い書院造りの大広間を中心に、洋館も併設、材料・工法に当時の木造建築の粋を凝らし、その時代における新建材や輸入品を使用し、彼が欧米歴訪で経験した知見が生かされているとも見られる西洋式の工法を積極的に採用している。これらは田中がその前に建設した目白本邸と同様の方式をとったものといえるだろう。以下、主な箇所を瞥見しよう。

国道から大門を入り、坂を上がると正面玄関で、大きい車寄せがある。玄関からすぐ渡り廊下があり、その右手は応接間である。左手には雨戸を開けると富士山が額縁に入ったように見える「富士の間」（鶴・亀の間の計三十二畳）があり、その眺望と

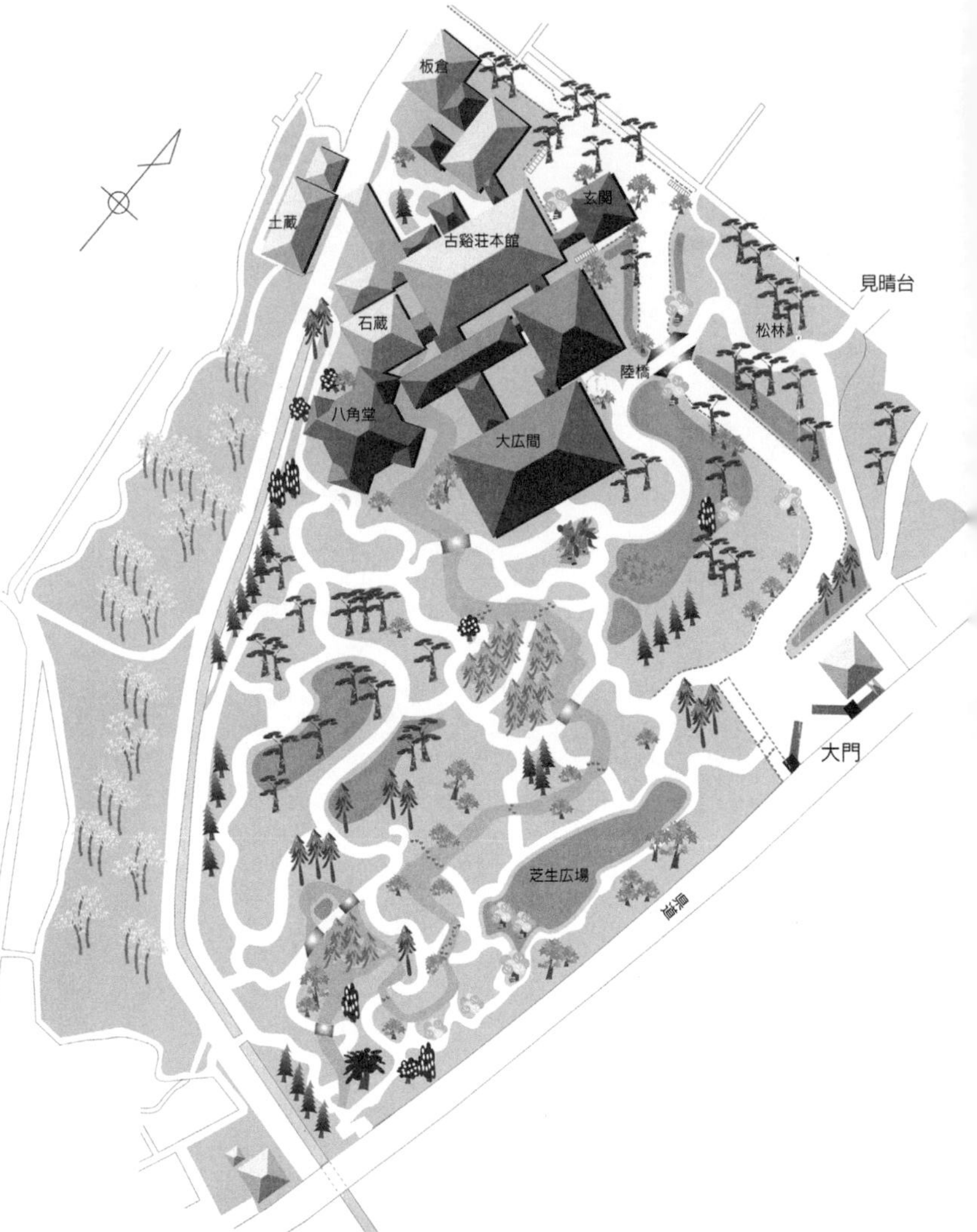

図 32　古谿荘全図（野間文化財団）

全て木曾ヒノキによる造りがすばらしい。

百三十畳敷きの大広間は上座の間三十二畳と御縁座敷七十二畳からなるメインホールで、ここは貴人を迎えるための「接見の間」として用意したもの。長押、鴨居、敷居は六間の無節の一本木が使われ、柱は四方柾、天井は厚さ五分の神代杉である。建築以来百年になり、大地震も経験しているが、くるいを生じていない。

中庭に面した田中の居間は、京間造りで、別名「松竹梅の間」といわれる数寄屋造りの三間からなっているが、この部屋も建材と造作は専門家が見て、贅沢この上ないと評されている。驚くことに、この時代でありながら、中央の寝室には床下に暖房の仕組みができている。

さらに特徴的な部屋として「八角堂」とも呼ばれるこの庭内唯一の洋間がある。中央に八角形の応接室、それを取り巻く廊下から四つの部屋が突出してあり、ドイツから輸入の窓ガラスなど、材料は当時の最高級品を使用、建物の造作にも工夫が見られる。貴賓の宿泊に十分対応できるものであり、この建物から危急の場合の抜け道が設置されている。

図 33　古谿荘玄関

建物に付随して十一カ所ある便所は全て竣工時から水洗式で、浴室は四坪、地下ボイラー式で湯気の排気設備付き、四畳の脱衣場と八畳の更衣室がついている。各室、各棟をつなぐ廊下の全て一間幅（一畳分）の畳が敷き詰められ、石蔵の前廊下の丸桁は長さ九間もある一本ものの長い材木が使用されている。

また、明治39年、この別荘の建設にあたり、隣町の製紙会社から送電させ、旧富士川町における電灯使用の第一号となり、静岡県内でも最初に電気を導入した建物であった。

庭園は大広間と八角堂の前に広がる回遊式日本庭園と温室・果樹園がある西洋式庭園に分かれている。植栽は赤松が主体、回遊式の園路が廻らされているなかを遠方の貯水池から引かれた水が滝や橋を経て園内を流れる形になっている。

田中光顕から野間清治へ

明治42年の官界引退後、田中光顕伯は目白邸に起居したが、大正3年以後はこの岩

図 34　古谿荘大広間

渕の古谿荘に隠退した。しかし、ここに長くは居住しなかった。驚くべきことに彼はまた4年後に、折角巨額を投じて建築した古谿荘を離れ、それを保有したままで、近くの蒲原町に青山荘を完成させて移転した。その財力たるや恐るべきものであるが、これが終いの棲家となるのである。

その後しばらくして、講談社の広告部員として、わかもと製薬に出入りしていた木村外記雄に、田中から古谿荘の管理を任されていた長尾社長から、「野間さんに古谿荘を買ってもらいたい」との要請があった。田中は以前に目白邸を譲渡した際の清治の態度やその後の管理維持に好感をもっていたので、強く推薦したものである。清治は田中の口添えもあり、その要請を受けることにした。

当時、朝鮮の野間鉱業部の責任者であった小幡公が報告のため帰国すると、清治から、「古谿荘を買うことにした。四十万円だ。これは大物だから君がやってくれ」と言われ、蒲原の田中伯に会いにいった。田中は「目白の家に野間さんが座っていてくれるので、私は安心していますよ」と、まるで貸しておくような感想を語っていたそうである。

この当時は、講談社の出版事業も尻上がりに躍進を続けていた時期であり、世間では、清治も資産家の一人として世間で認められるまでになっていた。当時の「講談倶楽部」の昭和9年新年号附録「全国金満家大番付」では、前頭の一員として、資産八百万円に、また、「キング」の昭和11年1月号の「全国高額所得者」では、清治は前頭三枚目にランクされているのである。自らの発行する雑誌に掲載するくらいだから、その自信のほどが思いやられる。

昭和11年、清治は古谿荘を入手するとすぐに、前年から伊東の別荘に勤務していた二十三歳の南雲春雄を派遣し、初代の管理人とした。同時に、別荘全体の大修繕工事に取り掛かった。数百畳の畳替えはもちろんのこと、細部に及ぶものであった。別荘管理人の任務は当時所有していた総計十五万坪に及ぶ広大な山林や農園の維持管理が主で、ほぼ一日がかりの「山廻り」を毎日のように行ったという。一方、屋内清掃には専任の老人が一人、庭園には常時三人の庭師が出入りし、農夫も五人いたといわれる。

田中は以前から興津の農林省農事試験場の吉野技師を招聘して果樹の栽培指導に当たらせ、柑橘を主とし、当時ではまだ珍しいネーブルや夏柑、ポンカンのほか、びわや柿なども栽培して、十数人が作業に従事していた。農園は野間家の所有になってからは「野間農園」と呼ばれた。現在は邸内のみに果樹園・農園があるが、古谿荘の古地図には、国道を挟んだ別荘の向かい側は広い農地が示されているとおり、当時は全て果樹園であった。吉野技師は田中が蒲原に移ったのちも、昭和12年に退職するまで農園の技術指導に当たったが、その後は戸矢政雄が引き継いだ。

清治は、「晩年はここに隠棲するつもりだったが、果たさなかった」と『講談社の歩んだ五十年』にある。清治はほかの別荘と同様にここにも道場を建てたかったのだが、左衛夫人がそれを許さなかったといわれる。

自分の別荘取得の集大成とも言うべきこの古谿荘の利用状況は、繁忙な事業や健康、地理的な問題もあり、わずかに二回、夫人も四回にとどまった。清治はこの別荘を入手した二年半後の昭和13年10月に逝去したのである。

戦時下から終戦直後にかけての困難な時代に、古谿荘は少ない人手でこの広大な土地と建物をなんとか持ち堪えていた。管理者は戸矢政雄に引き継がれたが、ほかに社員が数人関与していた。戦中戦後、農園もかなり多くの部分が食糧増産に転用され、東京の本社や社員たちへの食糧補給基地の役割を果たした。また、地元に対しては食糧事情窮迫打開の一助に五カ所の山林（一万四千坪以上）を開墾地として無償貸与したが、後にその大部分を農地として開放して、大いに感謝されたのである。終戦になり、昭和21年11月、まず、この土地と木材を活用するために、地元と共同して、㈲岩渕製材所が設立された。

省一社長による戦後古谿荘の展開

さて、広大な土地と建物を有する古谿荘・野間農園のその後の変遷の概況を見てみよう。

昭和20年11月に就任したばかりの省一社長はわずか二カ月で辞任し、出版業を一時離れて岩渕にこもり、野間農園の園主となったが、食糧難打開の一助と農村の中堅となる人材を育成するため、「富士川自由農学園」を23年4月に開校した。また、園内に富士川食品会社を設立した。ここは最初、地元特産のみかんを原料にして国内向けみかん缶詰を生産し、学園の実習施設としても活用した。しかし、インフレの波に翻弄されて、会社はかなり損失を計上、27年1月で完全休業した。

その後、古谿荘は野間家から財団法人野間奉公会に引き継がれたが、昭和29年、社業と財団の業務の明確化が打ち出されて、社員の管理者は帰任した。その後、財団は野間文化財団と改称されたが、古谿荘と農園は以前と変わらず維持管理された。現在、農園はオトワファーム㈱によって運営され、主として有機野菜などを生産している。

前述したように、現在の古谿荘前の国道1号線の南東側、約一万一千坪が以前は別荘の所有地であったが、戦後の昭和22年、新制中学校の建設のために、町にその敷地約六千二百坪の無償提供を行ったほか、図書館、体育館、警察署、消防署などの敷地を提供した。その後も、中学校プールや中央公民館などの用地提供を行って、国道の南東側は全て公共施設用地として町のために開放されたのである。これらの旧富士川町に対する貢献に感謝の意を表した町長名の「野間家顕彰碑」が中央公民館前に建立された。

古谿荘　重要文化財に指定される

その後、町は全国的な文化財保護の高まりの中で、古谿荘を町の大切な文化財として保存するために、財団・古谿荘や地元の諸団体と協力してパンフレットの製作や特別公開イベントを開催するなど、その維持・共生に協力してきた。

このようにして百年にわたり、「明治日本の面影」を伝えてきた古谿荘は、平成17年、国の重要文化財に指定され、その価値が公的に認められるとともに、改めて維持保存が図られることになった。

その経緯は次のとおりである。

平成16年、古谿荘を所有する野間文化財団は文化庁から「静岡県にある指定漏れ文化財の中の最大のもの」として重要文化財指定を強く勧められたため、17年8月に指定に関する同意書を提出した。この年の文化審議会で審議された結果、平成17年12月27日、文部科学省は古谿荘をほかの八件の建造物とともに重要文化財に指定することを官報に告示した。指定の対象は、㈶野間文化財団が旧富士川町岩渕二三三番地に所有する古谿荘、その内容は玄関棟・応接棟・広間棟・大広間棟・居間棟・八角堂・管理棟・内蔵・板蔵の計九棟と、宅地一八八三八㎡である。

文化庁監修の『月刊文化財』（平成17年12月号）は新指定文化財の特集を掲載しているが、巻頭論文に重文級のなかで特に古谿荘が取り上げられ、建部恭宣が、「古谿荘と田中光顕の建築観」と題した文章の中で、次のような賛辞を寄せている。

「古谿荘は当時の状況をほぼ完全に残しており、『田中式』を存分に表現した建物として、また明治期の貴顕が営んだ和風の別荘建築として、特に優れた作品といえるだろう」

明治42年（一九〇九）に建築された古谿荘は、百年の星霜を経ても揺らぐことなく、

図 35　田中光顕

図 36　古谿荘八角堂

「近代和風建築」の代表的な名品として、まさに明治日本の面影を残す貴重な重要文化財なのであり、講談社グループの宝なのである。

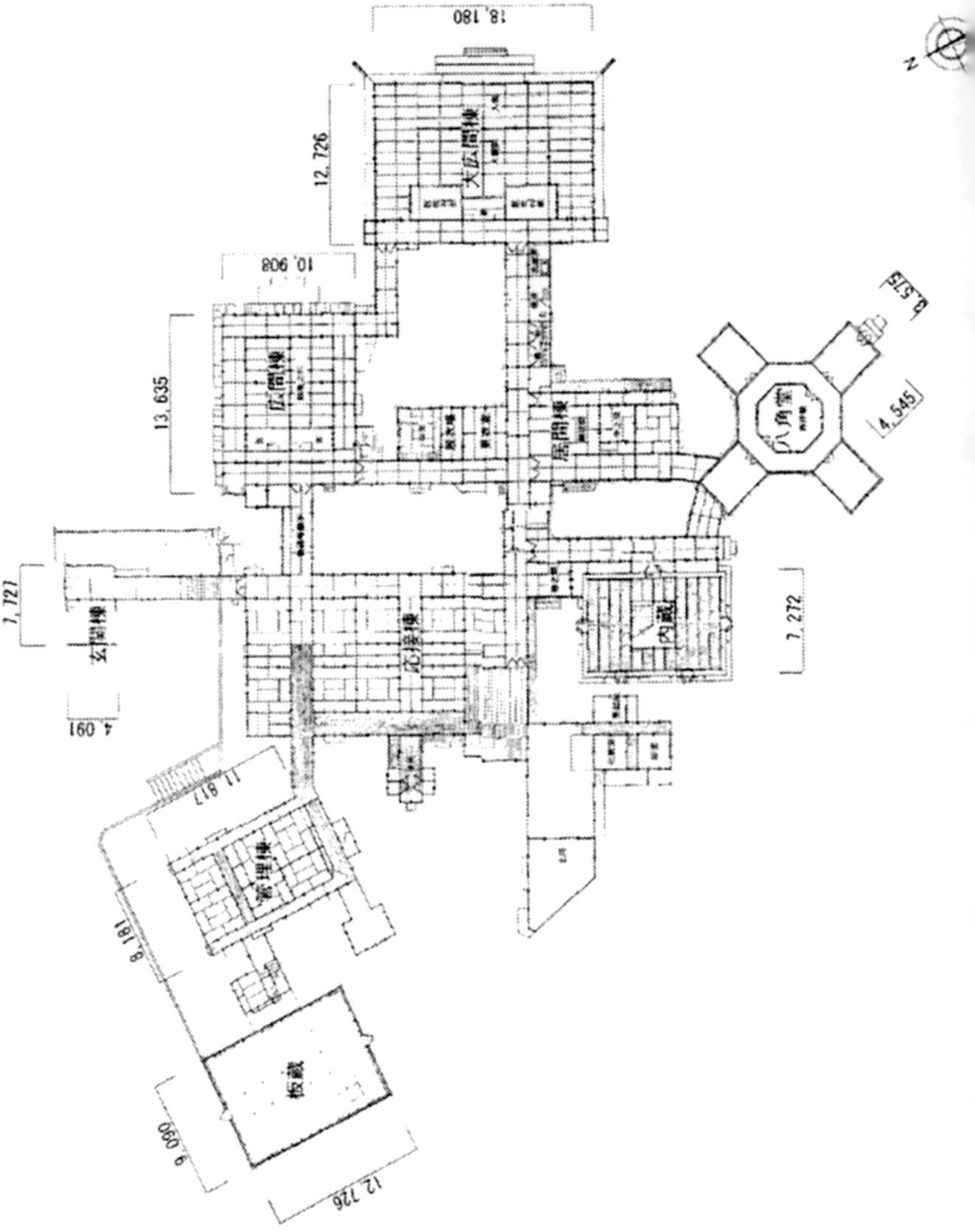
18,180
12,726
大広間棟
10,908
13,635
広間棟
居間棟
八角堂
0,575
4,545
7,721
玄関棟
4,091
応接棟
内蔵
7,272
11,817
管理棟
8,181
板蔵
9,090
12,726

図 37　古谿荘平面図

番外編　朝鮮の鉱山と満州の大農場

昭和9年、国家は前年から非常時体制下に入っていた。この年、講談社は音羽に白亜の新社屋を落成し、盛大な披露をおこなった。5月5日には、清治子息の恒が天覧の全国剣道大会に優勝、清治の英文自叙伝が刊行され、朝鮮における鉱山事業にも進出して社運は隆盛を極めていた。この時期は、創業以来ほぼ25年が経過していた講談社としても、また、資産家の仲間入りをした清治個人としても、黄金時代に到達したといえる状況であったのである（この章では、朝鮮、満州など、当時の地域名を使用する）。

朝鮮の鉱山事業へ進出まで

社史『講談社の歩んだ五十年』の昭和9年の章の中には、「野間鉱業部」の項が設けられ、2ページ強にわたる記述があるが、その冒頭の部分はつぎのとおりである。

「昭和9年、朝鮮京城府和泉町に野間鉱業部事務所を開設した。これは、産金事業の国家的重要性にかんがみ、金鉱採掘を目的としたもので、小幡公を事務監督、高橋謙を技師として派遣し、朝鮮総督府技師とともに、周到な調査を行わしめた」

社史は続いて野間鉱業部のその後の経過と終焉が簡潔に述べられ、ついで、この件の生き証人である小幡公のかなり詳しい談話と鉱業部の代表として事業の終局に関係した社員・田中晴一郎の証言が掲載されている。

私は社史のこの記述、「産金事業の国家的重要性にかんがみ云々」について疑問をいだいた。これまで、志をたて、25年間、出版業一途に取り組んできた清治が、出版業に関連する、または、それから派生する事業ならばともかく、突然、畑違いの鉱山業に進出するとは、誰しもが疑問に思うところであろう。例え、それが時代の要請であったとしても、この説明ではあまりにきれいごと過ぎるのではないか、清治の本当の考えはどうであったのであろうか。

一般的に、いつの時代にも、いわゆる「山師」は存在していて、小金を持っていると言われる人物の周辺に自然に集まるものである。若いときに、株にはまりこみ、大損をして大反省した経験をもった清治だが、大人になったいま、まさか、そんな「山師」にひっかかるようなことはあるまいが、元来、清治自体が冒険を好み、投機心旺盛な、いわゆる「山気」ある人間である。ましてや当時は金がうなるほどある身分であるから、「山師」もよい標的と考えたに違いないのである。そして、案の定、清治の周辺にもその輩が現れるのである。もちろん清治は十分注意して対応したことであろう。

前出の田中晴一郎は、昭和15年5月に朝鮮に赴任し、朝鮮の鉱山事業の終末時の責任者となった元社員であるが、社友会の『緑なす音羽の杜に』（第一集）に、この時代背景と、清治の考えについて貴重な証言を寄稿しているのでここに示そう。

「大正末期から昭和初期にかけて、日本では石油の備蓄が最重要課題となり、その輸入資金として金の増産政策がとられることになった。そのため融資、税法上の便宜、金の地金の買い上げ価格の引き上げなどの事業家の出動意欲を煽るような手段がとられた」続いて、「出版と金掘り、両方とも夢の多い仕事です。初代社長夫妻がブローカーの持ち込んできた金山の話に耳を傾けないはずがありません」

これは戦後に自由な立場で書かれたものであり、後半には控え目であるが、清治の鉱山事業出動に対する当時の社員の率直な気持ちが反映されていると考えられる。

『五十年史』の小幡公の談話によれば、「武井文夫さんが社長に、金山をやることを勧めたところ、社長は私のところへ行って相談するようにといって紹介してよこした」とあるが、そこのところを『五十年史資料』に当たってみると、武井は社長の知人とだけしか分らないのだが、いわゆる「山師」なのであろう。ここでも小幡は顧問役である。小幡は、

「武井さんは朝鮮で金山を経営している井上隆之氏とふたりで私のところへ来て、朝鮮の金山を野間さんに買わしてくれという。私は驚いて、社長を訪ね、朝鮮の金山などに手を出すお考えですかと聞くと、とにかく調べて見てくれと言われるので、私は土地ならわかりますが、金山はわかりませんねと言うと、信用できる鉱山師を連れて行って調べさせればよいではないかと言われた。そこで、鉱山のことに詳しい福岡弁護士に相談した。福岡弁護士は人物も技術も安心して頼める人と言うことで、鉱業事務所をやっている高橋謙氏を紹介してくれた」とある。この、「野間さんに買わしてくれ」の言はいかにも山師くさい言い分である。この高橋のいうことには、

「素人のやることではないですね。朝鮮にはおそらく鉱量計算などはっきりできる

山の売り物はありますまい。新山を買って自分で探鉱するのは当たり外れが多くて危険ですよ」と、諫められ、清治にその報告をすると、清治は、

「そこが山じゃないか、当たり外れがあるから面白いのだよ。当てもなく運まかせではよくないが、よく調べてみて、面白い、大いに見込みがあると分ったならば、やってもよいではないか。そんなことを聞いて感心して帰ってくるようでは駄目だね」

と、小幡はへこまされたのである。このやりとりは大変面白いが、そのなかに清治のたっぷりの「山気」と人遣いの巧みさ、そして財力の自信が見られると思う。

鉱山経営の成果は

社長の命を受けた小幡は昭和8年の暮れに、武井の案内で、高橋、福岡とともに渡鮮し、中清北道の泰昌鉱山を視察し、さらに、9年の1月に本調査を行った結果、3月にこの買取りを決めた。これが、鉱山経営の始まりであった。

社史には、「いよいよ3月末に山の引き取りに行くために、社長のところへ挨拶に

行くと、「少年は十人選定しておいたが、経営をまかせるのに適当な者がいないから、暫時の間、君がやっていてくれないか」と、言われたとある。小幡は以前に朝鮮帰りの社員のなかから責任者を選ぶことと、十人位の少年をつけることを進言していたのである。

小幡は鉱山に関する知識も経験もないばかりでなく、朝鮮へ行かなければならないので大変困ったが、引き取り期日も迫ってきているので、「なんとかしましょう」ということにならざるをえなかった。はじめから小幡をこの案件の責任者とすることを想定していた清治の術策にはまってしまったのである。ついに、小幡は高橋と知人の田辺技師を同行して、山を引き取った。

3月、本社から準社員の行田哲夫以下十名が第一陣として渡鮮した。行田は最年長、といっても二十五歳の若手ながら泰昌の所長となり、少年、現地従業員を指揮、監督した。以降、数次にわたり、本社から多くの人員が送り込まれて、鉱山数の増加とともに、最盛時には千名以上、現場従業員は三千名以上になった。少年たちは、未知の世界への興味を抱いて志望したものが多かったが、経済的理由で希望したものも

図 38　野間鉱業部

いたといわれる。いずれにしても、講談社精神を体得した若い彼らの活躍はめざましいものがあった。『緑なす音羽の杜に』には、行田のほか、泰昌鉱山の所長を務めた北爪秀雄（二代）、矢沢秀吉（三代）が当時の朝鮮の鉱山での彼らの活動を回顧した記録を寄稿している。

昭和9年7月29日、本社ビル新築落成式当日に、朝鮮へ出発した第三陣のひとりに、北爪秀雄がいた。長時間かけて朝鮮南部の泰昌鉱山に着くと、そこは、「藁葺きで、土で固めた低い民家、狭いオンドルが、事務所兼居住の場所で、もちろんランプの生活です。華の東京から一挙に三十年もタイムスリップしたような感じでした」と、記しているが、現地人の鉱夫が行う採鉱は暗い坑内をカンテラの光を頼りの手掘りであった。

最初に入手した泰昌鉱山は幸にも良質の山で、高品位の鉱石を採鉱することができたのだが、いくつかの山を視察して、4月末に京城の宿に帰った小幡に、これはいけそうだと判断した清治から、「もっと良い山を見つけて買ってください」という電話

図 39　大源鉱山

が入った。

すでに小幡のところには、「野間さんが金山を買った」というので、ブローカーからたくさん売り込みが来ていた。そのなかから十五カ所くらいを調べたところ、一つだけ興味を持てる山があった。「大源」と言う山で、不便な土地だが、鉱脈幅が10mくらいもあるので、高橋、田辺技師も有望と判断し、帰京して社長に報告した。『五十年史資料』には、その時の小幡の詳しい説明があるが、社長とのやりとりはいかにも面白い。

「それ［その山］はいくらだ」「二十五万円です」「とにかく仮契約して本調査したらどうか」「では手紙で打ち合わせしてみます」「そんなことを言わずに、すぐ行ってもらいたい」

驚くべき清治の即断即決であった。家人があきれているうちに、帰京したばかりの小幡はトンボ帰りで、翌朝すぐに出発した。当時の交通事情は不便そのもの、東京・福岡・蔚山と飛行機を乗り継いで、10時間かけて京城へ到着したのである。いやおうなしの命を受けてすぐ行動した小幡もまた驚くべき人物である。

このようにして購入した大源鉱山は結果として、十四鉱山のうちの三番目の稼ぎ頭となった。『緑なす音羽の杜に』の寄稿者のひとりは、「金のナマコを鞄にしのばせ、海峡を渡って、目白邸でご覧に入れた懐かしい思い出のある社員はたくさんおられるでしょう」と、また、ほかのひとりは、「年末には、その年に採取して精錬した金の延べ板の百キロ近くを数人で本邸まで持参することができた」と語っているが、投資がうまくいった清治の満足な顔が目に浮かぶようである。

その間、昭和10年10月には、京城の南大門近くに野間鉱業部京城事務所を開き、勢いに乗じて次々に鉱山を増やしていったが、それらは悪い山とはいえぬ程度で、泰昌のようにはいかなかった。清治の歿後の昭和15年には、詐欺にかかって大損をし、関係者の辞・退職騒ぎもあった。

昭和16年秋、戦況の緊迫化にともなって、国の方針が変って、金鉱山の整理がはじまり、軍事用のための鉱石である銅、鉛、蛍石、石炭、鉄などの生産に向けるために、設備の買収転用が政府によって実施された。それに対応して、鉱業部も事業を整理、その後は銅、蛍石を産する四鉱山にしぼって事業が続けられたが、終戦により、占領米軍によって施設は接収され、朝鮮における講談社の権益は放棄することになったのである。この12年にわたる総投資額は五百二十万円、全生産量二トン余であったといわれる。

満州にも四十万坪の大農場

満州の農場は、清治の不動産増殖という観点からみれば、朝鮮の鉱山とならんで在外資産の一つである。これは、国家的意味合いも絡んだ朝鮮の鉱山への関与の仕方とは違い、むしろそれまでの国内の土地・建物の入手と同様な方法、つまり、土地を改めて買い求めたものではなく、相手が代金を都合で払えなくなった土地を途中から肩代わりしたことによる入手であった。この事項については、社業と関係がないという理由から、『講談社の歩んだ五十年』には記述がなく、主な資料はこの本書にたびたび登場してきている小幡公の文章と談話記録以外には存在しない。

さて、この日本国土から離れた満州にあった農場はどのような経緯で清治の手に入ったものであったか。話は昭和10年の秋に始まるのだが、まず、このころの時代背景をみておこう。

この年の前後には、満州をめぐって日本が絡んだいろいろな国際問題が起きていた。それをまとめて列記すると、昭和6年には、「満州事変」が勃発、関東軍が奉天郊外で満鉄線路を爆破し、総攻撃を開始、7年には「満州国」建国式典が行われ、溥儀が執政に就任、8年、国際連盟は「満州国」不承認、日本代表は議場を退場した。そしてついに9年には「満州国」帝政実施、溥儀が皇帝に即位したというめまぐるしい動きがあったのである。その後、日本は国策として満州が、「五族協和」の楽土であることを謳い、国民で移住するものも多かった。そして、その最中の10年秋に、講談社の社員であった都築が満州の土地について話を持ち込んできたのである。

以下、小幡公の談話にもとづいて進めて行こう。

それは奉天の郊外、北陵というところに農場をもっていた榊原政雄が東洋拓殖㈱からの債務金二十万円の支払い期限が来ても、当てにしていた金主（某代議士）の都合がつかないので、清治に援助を頼んでほしいとの依頼であった。榊原はもと新聞記者で、関東軍とも関係があったようで、いろいろな経緯があって、個人的に借金をして土地を入手していたのである。清治は、もちろん満州へ、満州へというこの時代の流れを知らないはずはなかったろうが、このとき小幡に満州に出かけて調査するよう要請した。

小幡が調べてみると、奉天郊外の北陵前にある約四十万坪の土地で、榊原農場と称していたが、大部分が水田であり、そのなかに、二十数戸の朝鮮人部落をつくり、彼らに農場の耕作をさせていた。北陵は満州皇帝三陵の一つである由緒ある土地で、奉天市の中心から遠くなく、奉天唯一の緑地帯、観光地なので、ここはよい物件であった。

このような場合、価格は当然相場より安くなるはず。交渉の結果、清治は東洋拓殖の借金二十万円を支払い、別に五万円を榊原に渡して、この農場を清治と榊原の共有とした。そして、この農場の管理は昭和9年3月から朝鮮に常駐して野間鉱業部の指揮をしていた小幡がすることになり、引き続き朝鮮人に耕作させて、小作料をとっていた。当時は、日本人の土地所有権は認められず、租借権だけであったが、満州国になってからのちは所有権が許されるようになったそうである。

ひとつのエピソード

この間に興味深いエピソードがあるので、ここに挿入する。

昭和13年10月16日、清治が狭心症で急逝すると、長男の恒が講談社の二代社長となった。剣道の達人であった恒は、以前から病身であったが、そのなかで、京都の公家である町尻子爵家から登喜子を娶っていたのだが、清治の没後二十二日の11月7日、直腸がんのため相次いで死去されたのである。そのため、急遽、清治の妻の左衛が三代社長となったが、佐衛は専務である義兄の高木義賢と図って、恒と結婚して十か月も経たないうちに未亡人となった登喜子の身の振り方について相談して養子をとることにし、その候補者を探した。その候補となったのが、義賢の四女辰子の夫である高木三吉の弟の省一であった。この高木三吉は講談社の社員であったが、義賢の高木家とは別家である。秀才の誉れ高かった省一は東京帝国大学を卒業、南満州鉄道に入社し、将来を嘱望されていたが、大いに悩んだ末にこの結婚話を受け入れ、野間家に入籍して、のちに講談社第四代社長となった。このエピソードは清治の購入した朝鮮の鉱山、満洲の土地に関係した秘話である。

小幡は朝鮮、満州に常駐して帰国もままならなかったのだが、昭和15年1月に上京して本邸を訪ねた際のことを、のちに左衛夫人の追悼文集『しのぶ草』に寄稿して、つぎのように書いている。小幡は清治社長の囲碁友達として、以前から音羽邸、目白邸に出入りし、清治から全幅の信頼を得るとともに、左衛夫人とも昵懇であった。

「満州や華北の状況を話し、一度朝鮮と満州を見に行かれませんかと言ったところ、夫人は『そうね、「ふたりの」一周忌も済ませたし、行ってみてもいいね』と答えられたのを、居合わせた夫人の母堂服部とみ様が耳にし、私に向かい、大陸見物でもすることは気分を変える上に大変良いように思われますから、ぜひ出かけるよう勧めてみてくださいと懇望され、私も本当に勧める気になり、野間家の人では高木専務が朝

図40　朝鮮・満州へ東京駅から出発（昭和15年4月）
左から野間左衛・登喜子・服部貴美子

鮮の鉱山を一度見に行ったのみで、満州の農場は誰も見ていないのだから、社長自身一度鉱山も農場も視察し、ついでに中国の方まで足を延ばし、見学しておくことは、向後のために大いに役立つと思うし、とにかく大陸の空気は格別で、かならず気分転換になりますよと勧めました」

小幡は二人の社長の相次ぐ急逝による重苦しい空気を何とかして打開しようと熱心に勧めたのであろう。

この小幡の勧誘に夫人もついに賛成したので、小幡は4月に再上京し、左衛社長、高木専務夫妻、登喜子未亡人、服部喜美子（のちの服部敏幸夫人）の五名に同行した。一行は、中旬に東京発、対馬海峡を渡り釜山に上陸し、固城金山、大源鉱山を廻り、京城事務所で各地鉱山の代表者を集めて歓談した。

そのとき、高木専務の親戚で、当時、満鉄ハルピン鉄道局の文書課長であった高木省一（のちの四代社長）が京城まで迎えに来てくれて、一行は平壌を経由して満州に入り、まず奉天の農場を視察し、その後は、省一の案内で奉天、撫順、新京、ハルピンを見学した。この時の省一の懇切な心尽くしに左衛社長は大いに満足した様子であったという。

それからの中国の旅は、天津、北京、盧溝橋、大連、旅順、上海、蘇州、南京と周遊し、上海から長崎へ戻ったというもので、海外旅行が普通になった現在から見ても、かなりの大旅行であった。当時、社員の間では、この旅行は登喜子未亡人と省一のお見合いも一つの目的であったと噂されたものでもあった。

大農場の終幕

閑話休題。さて、その後の大農場はどうなったであろうか。

そのころ、満州国の全土にわたる建設の一環であろうか、奉天市が都市計画をたて、北陵付近を買い上げて区画整理し、住宅街にすることになったのである。農場の土地は元来、住宅地にすれば、奉天随一の地域となるような良好な場所であった。しかし、市から提示された買い上げ価格はごく安いので、小幡は市公署に行き交渉した結果、市の設計に基づき当方で区画整理を行うことで話し合いがついて、買い上げを免れた。その後、宅地化の工事は進んだが、上下水道工事等の費用分担の関係で、完成した土地の十万余坪を引き取った。それからその完成した土地の一部分を少しずつ分譲して、その代金を満州興業銀行へ預金して、約八十万円になったという。しかし、昭和20年8月、終戦となり、土地も預金も在外資産となって、ついには没収されてしまう結果となったのである。

以上が、大陸まで飛躍した清治の「夢」の実現である満州における大農場の取得と経営、そして、その「夢」が幻となった終幕である。

補遺編　向島の幸田露伴邸、田端別邸など

これまで野間清治の不動産増殖の経緯を入手順に、三ヵ所の私邸（本郷区団子坂、音羽、目白）と四ヵ所の別荘（伊香保、千葉三門、伊東、岩渕）に重点をおいて記述してきた。そのほか、赤羽（都内のため「別邸」と記す）、尾久と玉川学園の土地、朝鮮の鉱山、満州の農場を取り上げてきたが、清治の関係した土地・建物は、これらのほかにも順不同に、向島の幸田露伴邸、田端の別邸、保土ケ谷、熱海と飯田橋の土地などがある。

これらの雑多な不動産増殖はその内容も入手経過も異なるが、それぞれに清治の人間としての考え方や生き方が現れており、大変興味深いものがある。これらを補遺編として以下に記述する。

向島の幸田露伴邸

幸田露伴は、明治、大正、昭和の三代にわたる不世出の文学者といわれて、昭和22年に第一回の文化勲章を受章した文豪である。

露伴は慶応3年（一八六七）、江戸下谷に生まれたが、生涯に幾度も住居を替えている。明治26年（二十七歳）にも住んだことのある南葛飾郡寺島村字馬場（現・墨田区墨田一―四）がよかったとみえて、明治30年に同地に近い字新田（東向島一―九）に借家し、のちに近くに自らの新居を構えた。この「向島」は浅草側から隅田川をへだてた東の地域を総称した地名であるが、江戸後期から文人墨客の好むところとなっていた。露伴はそののちに移転した小石川区表町を含め、いずれの家も「蝸牛庵」と称したが、この二度目の十年間住んだ家が、向島の第一次「蝸牛庵」であり、現在、愛知県犬山市の明治村に置かれている歴史的建造物「幸田露伴住宅・蝸牛庵」である。これは、『日本の博物館』（講談社刊）のうちの［博物館明治村］に、「江戸時代の豪商の寮のなごりをとどめ、落ち着いた、それでいて、心を軽やかにさせる建物である」と紹介されている明治の向島によく見かけた寮スタイルの立派な家であって、旧持主はかなり有名な歌舞伎俳優といわれ、のちに、老舗甲州屋酒店の二階建て別棟離れであったもの。露伴が近くの新居に移転したあとは、戦後の東京に一つだけ残った貴重な露伴旧居として甲州屋（雨宮商店）によって大切に保存されていたものである。

さて、前置きが長くなったが、露伴と講談社の関係は、会社の創立時代からといってよいくらいの古さである。明治44年、「講談倶楽部」の創刊号にも、「紋」という講演が載り、その後も「面白倶楽部」、「現代」の各創刊号（大正5、9年）に、また、ベストセラー『大正大震災大火災』には序文を寄稿している特別扱いの大物作家であった。清治がらみの露伴の家は明治村に存在する「蝸牛庵」跡の近く（東向島一―七）に、明治41年、露伴自ら建築した第二次「蝸牛庵」である。この蝸牛庵は、明治45年当時の地図によれば、隣家は料亭であったようだが、露伴いわく、「（妻幾美が僅かずつ貯金したものにより）いつの間にか家が建つようになっていた」のである。

明治37年、第一次「蝸牛庵」に生まれ、この家で娘時代を過ごした露伴の次女・文はその著『父　その死』に、第二次「蝸牛庵」を、「父は自らあがなった土地に立ち、自ら図を引いた家に住み」と書いた。それは、「百七十坪ほどの敷地と記憶する。建物は居間、書斎、湯殿、物置の三棟、空地は五つに仕切られ、父の居間の前の庭、玄関、茶の間、井戸端、畠になっていた」という家であった。

清治の登場する場面は、毎回登場する小幡公の『五十年史資料』の談話から引用しよう。当時、講談社の編集者（「現代」編集部）であった広瀬照太郎が露伴のところへ原稿依頼にいったところ、露伴から「家を買ってくれないか」と頼まれ、清治社長に取り次ぐと、すぐ、「買ったらいいじゃないか」といわれて、買い取ることにした。清治はいつものように、現地を見ていない。小幡の記憶によれば、大正8年ごろのことである。

その後、小幡は、「買ったままになっているから、見てきてくれ」と清治に命じられて、見にいったところ、「なかなかいいところだった」と、土地・建物に目利きの小幡が感想を述べているくらいのよい物件であった。

小幡はのちに清治からこの家を社宅として提供するから、入社しないかと勧誘されて、一時は承諾したのだが、改めて知人から情報をとり、社員となった場合の当時の厳しい労働条件などを再考慮した結果、入社を遠慮したという。清治は以前から小幡を入社させようと狙っていたのだが、小幡は清治から全幅の信頼を得て、その後も不動産顧問格として縦横に活躍したけれども、最後まで入社はしなかった。このころの小幡は清治に依頼されて、狭隘となった団子坂とは別のところに社長邸と社屋のための土地探しに本格的に取り組んでいた。

当時の向島あたりは低地のため、度重なる水害があったが、露伴一家はここを離れずに、家を売ったのちも長く（大正8年から12年まで）住んでいたようなので、清治は買ったのちも住むことを了承していたと考えられる。このような買取りの経緯と寄稿関係もあり、長期間にわたり、家賃もあまり催促がましいことはしなかったようである。ここにも太っ腹な清治の不動産管理のやり方が見られるであろう。しかし、露伴は大正12年の関東大震災により、自宅の井戸に油が浮くようになったことから十七年間住んだこの家から転居を決意し、翌13年に妹の住んでいた小石川区表町六十六番地に移転した。

ところで、野田宇太郎の『東京文学散歩』「隅田川」には、「このあたりでもかなり広い目立った立派な家であったらしい。大正13年に講談社との間に原稿料の前借などで争いが起こり、一万円ばかりの貸金があると言い張る講談社のために幸田一家は理不尽にも即時立ち退きをせねばならなくなって、追われるようにして小石川に仮の住家をみつけることになったのである」と、ある。これは野田が近所の老人から取材したようであるが、これが事実かどうか、現在では判明しないが、理不尽という言い方には問題があるだろう。この金額にはあるいは溜った賃料も入っているのかも知れないが、その頃すでに文壇の大立物であった露伴の生活は楽ではなかったらしいことがわかる。露伴がその家を去ると同時に、この蝸牛庵は取り壊されて他所に持っていかれたといわれる。また、この土地は隣家の菅谷家が講談社から買い受けている。

幸田文の『父―その死』には、「父は向島蝸牛庵を講談社に売って以来、住まいに恵まれず、私は新聞広告を頼り、伝手に縋って、辛抱強く日課のように何十軒の借家や売家を見てまわったが（以下略）」の文章がある。このようにして、露伴はのち、小石川の伝通院の近く七九番地に移ったが、20年5月に空襲で家は焼失し、21年に市川市菅野の仮寓に入った。空襲以来、寝たきりの状態になっていた露伴は翌22年7月に八十一歳で歿した。露伴は昭和18年、第三回野間賞（文芸）を受賞した。

図 41　露伴児童遊園（墨田区）

小石川の幸田家は東京都文化史跡の第一回指定を受けたが清治が関係した第二次「蝸牛庵」跡地は現在、一七〇坪ほどの「露伴児童公園」(昭和25年開園、その後39年に地主菅谷辰夫より墨田区へ寄贈)となっており、なかには、堂々たる「幸田露伴文学碑」が建って、その直前には向島百花園などを結ぶ墨田区の「歴史と文化の散歩道」が通っている。なお、第一次向島「蝸牛庵」の跡地は高速道路向島ランプ入口に近く、現在は一五〇坪ほどの雨宮商店駐車場になっている。

熱海と飯田橋ほかの土地

清治が入手した最初の別邸は赤羽で、金貸し業の馬越文太郎が株で失敗した人から担保流れで入手したものを処分するというので買ったものであった。熱海にあったこの土地も同様なケースになろうか、この馬越経由で入手することになったものである。三千坪ぐらいの広さの土地で、熱海ホテルのすぐ脇であったという。

この土地はもと山岸雄二という人の所有地であった。山岸はこの土地と飯田橋の駅西方側の下宮比町の土地（約千坪）を担保にして馬越から借金していたのが、利子を払えない状態になったので、この土地を整理して分譲すれば、利益が出るだろうと考えて縁故を頼って、三菱銀行の瀬下清（当時頭取か）のところへ、分譲させてくれる人、資金を出してくれる人を紹介して欲しいと依頼した。そこで瀬下は清治を紹介した。

清治は以前、瀬下には大変世話になったことがあるので、その要請を断れずに、これも小幡公に熱海へ現地調査に行くように命じた。小幡の見たところ、熱海は更地なので、将来分譲（分割販売）可能だが、一方、飯田橋の土地は駅にも近く、繁華なところで、みな貸地になっているので、多くの借地人が買い取ってくれなければどうにもならない。そこで、清治と相談して、更地になっている熱海の土地だけを引き取ることで、義理を果たそうということにして、瀬下に返事をしたが、馬越は熱海と飯田橋は一体だと主張し、分割案は不調となった。

小幡は瀬下から、「将来うまく分譲できなければ、背負い込むことになるかもしれないが、とにかく土地があるから大した損にもならないだろう。あとは、ひとつ腹芸で助けてやって欲しい」と言われて、そのように報告すると、清治は「ううん、腹芸でねえ」と、しばし考えこんだ挙句に、「先方の希望するとおりにやろう」と言った。

小幡は、「おそらく背負い込みますよ」「背負い込んでも仕方ないじゃないか」「どういう義理があるんですか」と、やりとりしたが、そのとき清治は言った。「実はその瀬下さんの腹芸で助かったことがあるんだ」と述懐して、社史の中でも重大な転換点となった震災のときのつぎのエピソードを語った。


大正大震災のあと、清治は書店から受け取った多くの手形を持っていたが、書店は手形の決済ができないので、講談社は金融が行き詰まりそうになった。清治は「雄弁」時代からの友人で大蔵省にいる青木得三（当時・国債課長、のちに主税局長を経て、財政学者）に普通銀行の幹部を紹介してほしいと相談すると、今は震災直後で、戦場のようなどさくさのなかだから、普通の人では駄目だと、豪傑肌で侠気のある三菱銀行重役の瀬下清を紹介してきたのである。

清治は瀬下に会って、手形の一枚一枚について率直な内情を説明した結果、その誠意に打たれた瀬下は意気投合して、不確かな手形までも自らの責任で担保にとってくれて、何万円かの融資を得ることができ、危機を脱出することができたのである。それ以来、瀬下の厚意を徳としていたのであり、これがこの土地取り引きの際に清治の想起した瀬下いう「腹芸」であった。この話は、『五十年史』の青木得三談、辻平一の『人間　野間清治』にも詳しく紹介されている。

そのような経過で、清治は昔の瀬下の恩に報いるために、馬越が山口に貸していた二十数万円を払い、土地を引き取った。そして、熱海の方はそのまま売ってしまい、飯田橋の方は分譲にかかった。しかし、案の定、簡単なものではなかった。三分の一ぐらいしか売れず、結局、三分の二は残ってしまって、背負い込むことになった。「地代は上がるんだから、結局は大した損にはならなかった。要らないものを買っちやったというわけだ」これが小幡の率直な結論である。この件では、清治の義理堅さが顕著である。そして、貸地（現在は商業地）はその後も残ることになった。

田端別邸

近藤富枝の『田端文士村』（昭和50年・講談社）には、つぎのように紹介されている。

「東京府下北豊島郡滝野川町字田端は、明治の末には一面の畑であり、何の変哲もない田舎町にすぎなかった。しかし、上野美術学校と台地続きであったため、美術関係の住まう人が相次ぎ、大正のはじめにかけては、美術村の観があった。さらに大正3年、東台通りに芥川龍之介一家が移ってくるに及んで、田端は俄かに文士村と化し、作家の往来が目立った」

さらに、同書および『田端芸術文士村調査資料』（北区教育委員会）にも関連の記事があるのでそれをまとめて紹介しよう。

明治41、42年ころ、ヨーロッパ帰りで、スポーツ好きである太平洋画会の小杉未醒（放庵）が田端の自宅近の高台の三百坪ほどの地所（旧田端五〇六番地、現・田端三丁目内）を借りてきて、周辺に住む友人たちを語らい、地ならしをして、当時では時

図 42　田端公園（北区）

代の先端を行くテニスコート2面と玉突きなどできる小屋を造った。小杉が郷里の霞ケ浦からポプラの苗木を送らせて、この垣根としたことから、「ポプラ倶楽部」と称した。

この倶楽部の土地について、近藤富枝の著書には、「[ここは]滝野川第一小学校の近くで、隣は講談社社長野間清治邸で、梅屋敷という広い庭園である。これならどんなに酒を飲んで騒ごうと、文句の来る気遣いはないと、一同安心する」と、説明されている。

しかし、この記述は正しくない。コートが完成したという明治41、42年の段階では清治は神田台所町の借家からやっと団子坂に転居したところで当時は、とても広い庭園のある邸宅など所有する身分ではないはずである。したがって、これは間違いであって、もし、記事を生かすとすれば、「のちに講談社野間清治社長邸となった」とすべきである。

山手線田端駅から近く、良好な住宅地にあるこの「野間邸」は、高さ二〜三mもある石塀に囲まれた四千坪もある広大なもので、樹木が多くあり、梅の木が多かったため、通称の「梅屋敷」が生まれたのであろう。土地は西南の方向に向かって斜面となり、中段あたりに茶畑もあり、上富士方面に面した高い石塀のかどに大きな冠木門、そこから大きな建物の玄関に向かって上り坂になっていたという。

なお、清治の入手した時期および前の所有者については、今のところ不明であるが、私は、おそらく昭和初期、この周辺に広大な土地を所有して、経済恐慌で倒れた渡辺治右衛門に関係するものであり、同じく渡辺のものであった目白邸と関連して入手したものではないかと推測しているが、これはあくまでも推測の域を出ない。

大正9年にすでに音羽邸を入手していた清治はこの邸を利用する必要もなかったのであろう。大きな主屋は夫人の妹の夫である講談社専務の高木義賢、付属建物にはその親族が住んでいた。高木は清治の信任が厚く、義弟だという親しみもあって、社長の最良の相談相手であり、戦中・終戦直後の困難な時期に活躍した人物である。

この地は団子坂や音羽にもそれほど遠くなく、「ここもほかの別邸と同様に、少年部の少年たちが庭園の清掃などに動員された。少年たちは大八車を引いて、音羽から上富士を経由して行進し、清掃のほか、茶の収穫や製茶の手伝いをおこなった」（昭和13年入社の一場政義談)。

戦時中には、邸内の森に大きな防空壕も掘られたが、周辺は昭和20年4月13日の大空襲により、この邸も焼け、高木はその親族とともに、目白の本邸内に移った(『野間省一伝』)。その後、ここはしばらく放置されていたが、低地部分は草が生い茂った湿地となっており、森には雉が棲んで、夜には梟が鳴いたという。昭和31年から34年にかけて、講談社は土地を取り囲んでいた長い石塀を撤去した。土地の一部(一六五八㎡)を公園用地として東京都に寄付、残りは講談社関係者や自動車会社などに分譲した。公園は昭和43年に北区に移管されて、現在は区立田端公園となっている。

保土ケ谷の土地ほか

『講談社の歩んだ五十年』には、「保土ケ谷」について、つぎのような小幡公の談話記録がある。

「音羽の土地(現本社所在地)もその後買い足して、当時一万坪近くになっていたから、将来、社が大発展をしても狭いことはない。雑誌王国などといわれていたのだから、これくらいな敷地は必要だ、ということから、音羽が新社屋の敷地となったわけです。そして、音羽にあった屋敷は、保土ケ谷の方へ移築した」

社史には、「保土ケ谷」について、この記事しか記載されていないが、清治にとっては、音羽の土地が社屋の候補地となっても、団子坂の狭隘な住まいからはじめて取得した敷地六千五百坪、建物五棟・二百五十五坪の大邸宅、音羽通り随一の日本家屋で、大正9年から十年間住んだ愛着のあるこの屋敷を取り壊すことは忍び難かった。

そこで、小幡は音羽の土地・建物の購入金額には家屋の分はほとんど含まれていなかったのだからと、説得に当たったが、それでも、なかなか納得しない清治に、この日本家屋をそれ以前に入手していた保土ケ谷の土地に移築することを提案したので、清治はやむなく承知したのである。このあたりのやりとりも『五十年史資料』の小幡の談話に存在する。

さらに資料によって、この土地の入手経緯を調べると、ここはもと岡野公園と言われていた土地で、目白邸の取引の際に関係ができた不動産会社経営の三宅勘一（東京土地住宅専務・のちに新那須興業を経営）が分譲地を計画した際に、清治が原田積善会からの債務（二十万円ほど）の肩代わりを依頼されて貸したところ、その計画が失敗したため、土地三万坪ほどを引き取ったものである。また、小幡は旧山田邸の移転のためには一万円ほどの費用がかかったと述べている。これは、昭和6、7年ごろのことと考えられる。

『緑なす音羽の杜に』（第一集）に、この保土ケ谷別邸の留守役を命ぜられた池田長治が、「社屋建設のため、この由緒ある住宅を保土ケ谷の峰岡町（横浜市保土ケ谷区峰岡町）という土地に移築復元した。間取りは前よりやや小さく、玄関を以前の勝手口のところにつけてあった。別邸はこの辺りでは唯一の家で、ほかには一軒も家はなかった。保土ケ谷ゴルフ場が一望に眺められる高台で、閑静で、陽が一日中当たる土地であった」と、思い出を書いている。この土地も十分な利用はされなかったようであるが、その後、戦後の農地解放により大部分を手放すことになり、また、周辺の土地開発により、現在の所有地はほとんどが道路として使用されてしまっているようである。

最後にもう一例、「村山の土地」を挙げよう。清治は前項にも登場した土地会社経営の三宅勘一に金を貸したが、会社がうまくいかなくなった。三宅が手付金を払ったままになっている土地をその残金を払って引き取ることにした。約十万坪で、坪二円五十銭ぐらいだった。地元の取りまとめをした世話人に話しをつけたのち、講談社の小池金作が少年を数人連れて二十数万の現金を運んだ。

小幡公の話では、田無の登記所において二晩がかりで、登記の作業をして、その登記料も二万円ほどかかったという。これは前述の玉川学園のときと同様の現金輸送と登記作業の実話である。この村山の土地はその所在地やその後の利用状況も不明であるが、やはり戦後の農地解放により手放すことになったのであろうか。この土地の入手時期も昭和10年より以前のことのようであるが、詳しいことは不明である。

ほかにも、「天沼別邸」と称される大邸宅があったそうである。これもいつ、どのような経過で入手されたものか不明であるがここは、もと某宮家の別邸であったところ、ここには留守番が置かれ、野間家関係者は居住していなかったが、やはり、昭和

14、15年ごろに、少年部員がその整備作業に動員されていた。（完）

あとがき

これまで述べてきたように、清治の不動産入手の経緯をまとめると、初期の団子坂、音羽の土地家屋はあきらかに、清治自身の生活、事業のための最低限の必要なものであった。

団子坂は事業発足の地で、当然職住接近で、つぎの音羽も初期の構想としては職住接近であったが、のちに、将来の事業の発展を見込んで、私宅を目白に分離し、その後、音羽は不動の事業本拠地としている。

赤羽は事業にようやく燭光が見えてきたころの入手で、事業上、交際上におおいに利用した。尾久、玉川学園、千葉三門、熱海、飯田橋、保土ヶ谷、満州奉天などの土地は、清治の自己利用のため、また、自発的に入手したものではなく、成り行きで、途中から引き受けたものであった。また、そのほとんどが分譲地がらみであった。当時は、遊休地の分譲地化が流行していたようで、この分譲地開発の失敗がらみのいわゆる「借金のカタ流れ」の不動産入手が多いのも清治の土地増殖の特徴である。

清治は金をもっていたため、資金に困った人間がたびたび頼りにしてきたようであり、また、清治はそれによく応じていた。清治が人一倍義侠心に富んでいたのは事実だが、清治一流の将来を見通した投資でもあったのであろう。義理上とか、つきあい上とかいう意味では、玉川学園、向島、飯田橋などがその例になろう。

これまでの清治の不動産取得のなかでとくに目立つのは、各地に取得した別荘である。顧問役の小幡公のいうように、それは、それぞれの地域で、最高級のものであった。伊香保、千葉、伊東、岩渕の各別荘である。岩渕以外には、剣道場を併設したこともその特徴である。それとこれら国内の不動産とは別に、海外に取得した不動産も独得で、朝鮮の鉱山は、国策協力の名目ながら、一面、清治の山師肌の気質の発現であり、これも、利益追求の目的があったことは否定できないものである。

その結果の成否はいろいろであったが、幸い、「話」のような危急に面したこともなく、清治の不動産はそれぞれの場面で、社業の維持・発展のために大いに貢献したことは間違いないところである。

以上、大正・昭和初期の雑誌王といわれた野間清治の本業以外のあまり知られていない一側面を、「野間清治の不動産経営法」のタイトルのもとにまとめてみたが、この面においても清治の「巨人性」は顕著なものがある。また、彼の考え方、言動には現代にも通じる何かが含まれていると感じられるのである。

おわりに、取材・執筆にあたり、ご支援いただいた講談社および講談社社友会、多くの先輩・同僚諸氏、原本を刊行し、再刊の許諾をいただいた野間清治顕彰会、今回の出版に際し、その労をとっていただいた展望社の唐澤明義社長に厚くお礼申し上げます。

野間清治略年表（不動産取得関連を主として）

和暦（西暦）	年齢	記事
明治11年（1878）	1歳	野間清治　群馬県山田郡新宿村（現桐生市）に生まれる
明治33年（1900）	23歳	群馬県師範学校卒業山田第一高等小学校訓導となる
明治35年（1902）	25歳	東京帝国大学文科大学臨時教員養成所に入学
明治37年（1904）	27歳	臨時教員養成所を卒業 沖縄県沖縄中学校教諭となる
明治39年（1906）	29歳	沖縄県視学となる
明治40年（1907）	30歳	服部左衛と結婚 東京帝国大学法科大学首席書記となる 本郷区大学前の蓋平館に下宿 **下谷区黒門町に間借り**
明治41年（1908）	31歳	神田区台所町に転居
明治42年（1909）	32歳	**本郷区駒込坂下町（団子坂）に借家、** 「大日本雄弁会」を創立
明治43年（1910）	33歳	「雄弁」を創刊
明治44年（1911）	34歳	講談社を起こし、「講談倶楽部」を創刊
明治45年（1912）	35歳	資金繰りに苦しむ
大正2年（1913）	36歳	法科大学書記を辞し、雑誌事業に専念する
大正3年（1914）	37歳	大日本雄弁会より「少年倶楽部」を創刊 **団子坂の借家を購入し持家に** 社屋の第一次拡張
大正5年（1916）	39歳	講談社より「面白倶楽部」を創刊
大正6年（1917）	40歳	**赤羽別邸入手**（12月）
大正8年（1919）	42歳	**社屋の第六次拡張（13年までに計10回拡張）** **向島幸田露伴邸入手**
大正9年（1920）	43歳	**音羽の邸を求める**（12月） 「現代」「婦人倶楽部」を創刊

大正 10 年（1921）44 歳	1～3月静養のため赤羽の別邸で静養 **住居を音羽に移す**（7月）
大正 12 年（1923）46 歳	「少女倶楽部」を創刊 ベストセラー『大正大震災大火災』を出版
大正 14 年（1925）48 歳	「キング」を創刊 「大日本雄弁会講談社」と改称する
大正 15 年（1926）49 歳	「幼年倶楽部」を創刊 四月から静養のため東北関東の温泉周遊
昭和 2 年（1927）50 歳	**伊香保別荘を入手、このころ尾久の土地、千葉三門別荘を入手**
昭和 3 年（1928）51 歳	「面白倶楽部」を「冨士」と改題
昭和 4 年（1929）52 歳	**玉川学園の開学援助・土地購入**
昭和 5 年（1930）53 歳	報知新聞社社長に就任 自著『体験を語る』刊行
昭和 6 年（1931）54 歳	**目白の旧田中光顕邸を取得** **住居を音羽から関口台町の目白邸に移す**（11月） このころ**田端別邸・保土ヶ谷の土地を入手**
昭和 7 年（1932）55 歳	**音羽邸地内に新社屋建設着工**（2月）
昭和 9 年（1934）57 歳	**音羽の新社屋落成式**（7月） 全社団子坂より新社屋に移る（8月） **朝鮮の鉱山で産金事業に着手**（1月） **満州奉天付近に大農場取得**
昭和 10 年（1935）58 歳	**伊東の北里別荘を入手**（4月）
昭和 11 年（1936）59 歳	**岩渕の古谿荘を入手**（3月） キングレコード尾久工場落成（3月） 「講談社の絵本」を創刊
昭和 13 年（1938）61 歳	野間清治目白邸にて狭心症のため急逝（10月16日） 野間恒逝去（11月7日） 野間左衛社長となり、組織を株式会社とする

主要参考・引用資料

参考、引用したものはそれぞれの箇所に出典を明記したが、『講談社の歩んだ五十年』明治・大正、昭和篇　1959、『講談社五十年史資料』、『講談社の 90 年』、『物語　講談社の 100 年』、『私の半生』野間清治　1939、野間教育研究所特別紀要『私の半生　修養雑話』1999、『野間清治傳』中村孝也　野間清治傳記編纂会　1944、『人間　野間清治』辻平一 1960、『しのぶ草』野間左衛追悼録編纂会　1957、『野間省一伝』1966、『少年倶楽部時代』加藤謙一　1968（以上すべて講談社刊）、『緑なす音羽の杜に　Ⅰ』（1991）Ⅱ（1996）Ⅲ（2000）講談社社友会、『私の見た野間清治』笛木悌治　富士見書房　1979 のほか、『第一紙業社史四十年の歩み』、『キングレコードの六十年』、『玉川学園五十年史』、『音羽町二十年記念誌』、『月刊剣道日本』、月刊『話』（文藝春秋）、『伊豆新聞』、群馬県立土屋文明記念文学館第 85 回企画展図録などに拠るところが多かった。記して感謝の意を表する。

図版リスト

図版の所有者　転載先

図１　野間清治 ――――――――――――――――――講　談　社
図２　創業当時の大日本雄弁会講談社正門（団子坂）講　談　社
図３　団子坂の社屋前（大正９年頃）――――――講　談　社
図４　現在の千駄木周辺――――――――――――講　談　社
図５・６　団子坂の現有地に立つ社宅と銘板―――市原　徳郎
図７　明治天皇の行幸した洋館――――――――講　談　社
図８　音羽本邸の一部――――――――――――講　談　社
図９　講談社少年部入社記念写真（昭和３年）――講　談　社
図10　北区稲付公園（野間別邸跡）入口 ――――市原　徳郎
図11　清治が全社員を赤羽別邸へ招待 ――――講　談　社
図12　アルウィン邸・伊香保別荘 ―――――――市原　徳郎
図13　伊香保道場見取図 ―――――――――――「月刊剣道日本」
図14　伊香保別荘（地図）―――――――――――伊香保句碑めぐりMAP
図15　工事中のキングレコード　尾久工場 ―――キングレコード
図16　現在の尾久用地 ――――――――――――市原　徳郎
図17　旧千葉三門別荘跡 ―――――――――――市原　徳郎
図18　千葉三門・別荘周辺風景 ―――――――市原　徳郎
図19　小原国芳と玉川学園五十年史 ――――――市原　徳郎
図20　現在の玉川学園遠景 ―――――――――学園パンフレット
図21　目白本邸・蕉雨園玄関 ――――――――講　談　社
図22　蕉雨園大広間 ―――――――――――――市原　徳郎
図23　旧目白本邸・現蕉雨園全図 ――――――講　談　社
図24　目白本邸における野間清治 ――――――講　談　社

図 25　野間清治・左衛夫人・恒 ――――――――講　談　社
図 26　音羽に完成した新社屋（昭和９年）―――講　談　社
図 27　北里柴三郎 ――――――――――――――講　談　社
図 28　昭和５年頃の伊豆半島周辺地図 ――――市原　徳郎
図 29　旧北里別荘玄関 ――――――――――――市原　徳郎
図 30　旧清和寮洋館・日本館 ―――――――――市原　徳郎
図 31　解体前の幼稚園園舎 ――――――――――野間教育研究所
図 32　古谿荘全図 ――――――――――――――野間文化財団
図 33　古谿荘玄関 ――――――――――――――講談社社友会
図 34　古谿荘大広間 ―――――――――――――講談社社友会
図 35　田中光顕 ―――――――――――――――講　談　社
図 36　古谿荘八角堂 ―――――――――――――講談社社友会
図 37　古谿荘平面図 ―――――――――――――野間文化財団
図 38　野間鉱業部 ――――――――――――――講　談　社
図 39　大源鉱山 ―――――――――――――――講　談　社
図 40　朝鮮・満州へ東京駅から出発（昭和 15 年４月）
――――――――――――――――――――――講　談　社
図 41　露伴児童遊園（墨田区）――――――――市原　徳郎
図 42　田端公園（北区）―――――――――――市原　徳郎

市原徳郎（いちはら とくろう）
1933年、埼玉県生まれ。東京大学教育学部卒。57年、大日本雄弁会講談社入社。社長秘書、書籍業務局長、広告局長、国際交流推進室長などを経て、㈶国際文化フォーラム常務理事兼事務局長、92年㈱講談社役員待遇、日本商事㈱（講談社関係会社）社長に就任。講談社社友会会長（2005～10年）。

雑誌王は不動産王
講談社野間清治の不動産経営法

2020年7月15日発行
著者 / 市原徳郎
発行者 / 唐澤明義
発行 / 株式会社展望社
〒112-0002 東京都文京区小石川3-1-7 エコービル202
TEL:03-3814-1997 FAX:03-3814-3063
http://tembo-books.jp
装丁 / 岩瀬正弘
組版 / ダイワ企画
印刷製本 / 株式会社東京印書館

ISBN 978-4-88546-380-8 定価はカバーに表記